조선을 발칵 뒤집은
엽기 살인사건

조선을 발칵 뒤집은
엽기 살인사건

초판 1쇄 인쇄 | 2018년 8월 24일
초판 1쇄 발행 | 2018년 8월 31일

지은이 | 이수광
펴낸이 | 박영욱
펴낸곳 | 북오션

편 집 | 허현자 · 하진수
마케팅 | 최석진
디자인 | 서정희 · 민영선

주 소 | 서울시 마포구 월드컵로 14길 62
이메일 | bookocean@naver.com
네이버포스트 | m.post.naver.com('북오션' 검색)
전 화 | 편집문의: 02-325-9172   영업문의: 02-322-6709
팩 스 | 02-3143-3964

출판신고번호 | 제313-2007-000197호

ISBN 978-89-6799-389-4 (03900)

이 도서의 국립중앙도서관 출판예정도서목록(CIP)은 서지정보유통지원시스템
홈페이지(http://seoji.nl.go.kr)와 국가자료공동목록시스템
(http://www.nl.go.kr/kolisnet)에서 이용하실 수 있습니다.
(CIP제어번호: CIP2018024273)

조선을 발칵 뒤집은
엽기 살인사건

이수광 지음

북오션
콘텐츠그룹

조선 역사 속의 욕망과 광기와 살인

《조선을 뒤흔든 16가지 살인사건》이 나온 지 어느덧 12년이 되었다. 그동안 독자들이 분에 넘치는 관심을 가져주어 판매 누계 10만 권이 훨씬 넘는 베스트셀러가 되었고 2권을 집필해 달라는 이야기도 많이 들었다.

이번 《조선을 발칵 뒤집은 엽기 살인사건》에서는 살인 원인의 유형별로 사건을 살폈다. 두 사람 이상이 계획하고 음모를 꾸며 저지른 모살, 고의로 사람을 죽인 고살, 실수나 과실로 사람을 죽인 오살, 사람을 희롱하여 죽인 희살과 처절한 복수에 의한 살인, 황당하고 기이한 사건을 다루었다.

흉년으로 배가 너무 고파서 여자를 살해하여 인육을 먹었던 금춘과 예합, 어머니를 강간하려던 무뢰한에게 밟혀 죽은 젖먹이 어린 아기 이야기는 무서우면서도 가슴이 아프다. 여자에게 손가락을 물려 죽었다는 석초득 사건과 일가족 열 명이 서로를 서로가 죽인 김대뢰 일가 몰사사건은 황당하면서도 충격적이다. 아들이 아내와 어머니를 죽이고 아버지가 아들을 죽이는 이 참혹한 일을 어떻게 이해해야 하는가.

4

조선시대 노비는 인간 취급을 받지 못했다. 노비의 이름을 구더기라고 지으면서까지 멸시했던 양반들, 그들을 응징하는 것은 일가족을 모두 죽이고 임신한 양반 처의 배를 가르는 잔인한 복수였다.

살인사건은 언제 어디서나 일어난다. 조선시대에도 다양한 유형의 살인사건이 일어났다. 인육살인사건, 일가족 대량 살인사건 등 인륜을 파괴하는 살인사건이 발생했다. 조선도 사람이 사는 세상이다. 사람이 살다보니 사랑하고, 욕망하고, 배신하고, 분노했다. 그러한 일들이 살인으로 표출되었다. 살인사건에는 가해자와 피해자가 존재한다. 피해자는 살인을 당한 사람이고 그 가족이다. 가해자는 살인자이고 법에 따라 사형을 당하거나 1등을 감형받아 유배를 가게 된다. 드물기는 하지만 정당방위가 인정되어 무죄로 석방되기도 한다.

조선의 법은 상명의 법을 원칙으로 하고 있다. 살인한 자는 목숨으로 보상하는 것, 살인한 자는 반드시 죽어야 한다는 것이 상명의 법이다. 그러나 공평하지 않은 것이 세상이고 법이다. 법은 공평해야 하지만 한 번도 공평한 적이 없다. 무전유죄 유전무죄는 조선에서도 다르지 않았다. 살인을 한 왕자나 노비를 살해한 양반은 상명의 법이 적용되지 않았다. 시대를 불변하고 고통을 받는 것은 서민이고 천민이었다. 조선시대 살인사건의 희생자들이 대부분 중인 이하의 신분이고, 참수형이나 교수형을 당한 사람들도 중인 이하의 천민들이었다.

우리는 살인사건을 통해 조선의 사회사를 들여다볼 수 있다. 조선시대를 오늘의 우리 삶에 비추고, 오늘의 삶에서 억울한 사람이 없게 해야 하는 것이 역사 속의 살인사건을 들여다보는 우리의 책무일 것이다.

제6부 희이(戲異)_희한하고 이상한 살인사건

제1부 모살(謀殺)

음모·모략으로 죽인 살인사건

모살

모살은 사람을 죽이려고 미리 계획하고 음모를 꾸미는 것을 말하며, 사람을 죽였든 미수에 그쳤든 모두 모살죄에 해당되었다. 모살죄는 살인의 방법, 살인의 주체 등에 따라 처벌이 달랐다. 피해자가 죽었을 경우, 살인을 도모한 자는 주범으로서 참수형에, 살인을 실행한 자는 종범으로서 교수형에 처했다. 살인을 도모했으나 피해자가 죽지 않았을 경우, 살인을 모의한 자는 교수형에 처하고, 살인을 실행한 자는 율문(律文, 조선의 법조문)에 따라 처벌했다. 재물을 빼앗기 위해 모살한 살인강도는 본보기로서 주범과 종범을 가리지 않고 참수형에 처했다. 모살죄는 존속살인에 대해서는 모의한 자와 살인을 실행한 자를 모두 참형으로 처벌했고, 이미 죽은 자는 능지처사(陵遲處死)로 처벌했으며 범인의 처자식을 노비로 만들었다. 모살죄는 역모사건에서 많이 일어났고 일반적인 살인사건에서도 적지 않았다.

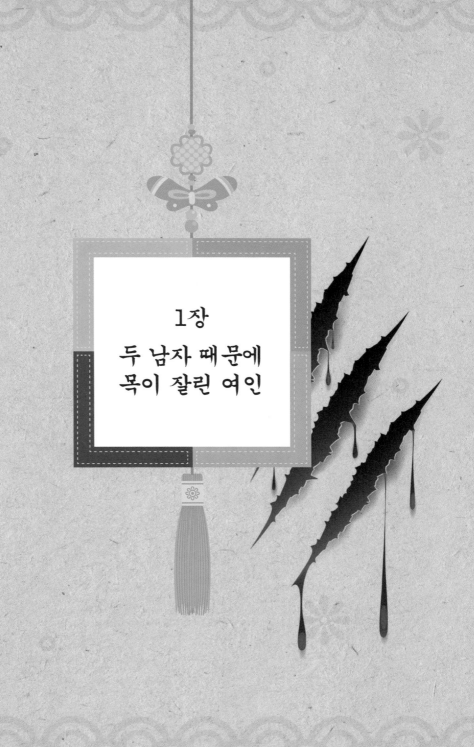

1장
두 남자 때문에
목이 잘린 여인

한성 동부 근비의 옥사

조선시대에는 결혼을 하지 않으면 절대로 사랑을 나눌 수 없었고 혼외 정사를 맺게 되면 간음사건으로 엄벌에 처했다. 간음하는 현장에서 간부(奸婦)나 간부(奸夫)를 살해하면 정당방위로 인정했고 간부와 짜고 본부(本夫, 본남편)을 살해하면 강상(綱常)의 죄와 모살죄로 다스렸다.

강상의 죄는 윤리를 위반한 죄로, 조선에서는 가장 무겁게 처벌하였으며 재판도 삼성추국(三省推鞫)을 했다. 삼성추국은 삼강오륜을 위반한 강상의 죄를 주로 다루었는데 의정부·사헌부·의금부의 세 개 기관이 합석하여 추국을 했다.

1479년 성종 10년 근비(斤非)라는 여자가 박종손(朴終孫)과 간통하고 박종손이 근비의 첫 번째 남자 차경남(車敬南)을 살해하는 사건이 발생했다. 이 사건

조선 성종 선릉

이 성종에게 보고되자 조정에서는 몇 달 동안 모살에 의한 강상이냐 여부를 놓고 치열한 법리 논쟁이 벌어졌다.

쟁점은 차경남이라는 남자를 법적으로 근비라는 여자의 남편으로 보아야 하느냐는 것이었다. 근비가 차경남과 정을 통한 것은 불과 8일이었고 이후 두 번째 남자 박종손을 만났기 때문이었다. 8일 동안의 정사를 부부관계로 보아야 하느냐라는, 다소 기이한 논쟁이었으나 한 여자의 운명이 걸린 중요한 논쟁이기도 했다.

쏴아아.

굵은 빗줄기가 장대질을 하는 것을 보면서 근비는 낮게 한숨을 내쉬었다. 장마가 며칠째 계속되어 세상이 온통 빨래통의 옷가지마냥 흥건하게 젖어 있는 듯했다. 장독대 앞에 피어 있던 봉선화도 붉은 꽃이 떨어지고, 담장을 타고 올라가던 나팔꽃도 세찬 빗줄기 때문에 넝쿨째 늘어져 있었다. 마당도 빗물이 괴어 발목이 빠질 정도였다.

'이러다가 한양이 물바다가 되겠네.'

근비는 부엌에도 물이 차는 것이 아닌가 걱정이 되었다. 그때 도롱이를 뒤집어쓰고 박종손이 달려왔다.

"아저씨."

근비는 박종손을 향해 입을 헤 벌렸다.

"집에 있었구나. 내가 너를 보고 싶어 왔다."

박종손은 다짜고짜 근비를 눕히고 치마를 들쳤다.

"아저씨, 이러시면 안 돼요."

근비가 낑낑대면서 박종손을 밀어냈다.

"왜? 차경남이라는 놈이 온다고 했느냐? 차경남이 나보다 좋은 게냐?"

"아이, 그런 말씀이 어디 있어요?"

"놈이 온다고 했어?"

"예. 온다고 했어요."

"걱정 마라. 소낙비 오는 들에 사람 다니는 걸 봤느냐?"

16

"그래도 오면 어떻게 해요?"

"놈이 오면 내가 처치하면 그만이다. 여편네가 있는 놈이 처자를 탐하니 죽어도 싸다."

박종손은 눈을 부릅뜨고 근비의 치마를 들치고 허겁지겁 욕심을 채웠다. 이미 남자를 알고 있는 근비였다. 박종손을 거절하는 체하면서 받아들였다.

"아저씨, 이제 어떡해요?"

한바탕 땀을 흘리고 난 뒤에 근비가 몽롱한 눈으로 박종손에게 물었다.

"내가 차경남이를 죽이고 너에게 장가들어 같이 살 것이다."

"차경남이도 나를 데리고 산다고 했어요."

"누가 그런 소리를 하느냐?"

"차경남이가 계손을 보내 중매를 했어요."

"흥! 그것은 다 헛소리다. 마누라가 있는 놈이 무슨 중매를 해? 내가 반드시 그놈을 죽일 것이다. 너도 대비하고 있어라."

"나는 무서워서 못해요."

"너보고 하라는 것이 아니다. 내가 해치울 테니 알고나 있으라는 거다."

박종손은 그녀에게서 떨어져 일어나 주섬주섬 옷을 챙겨 입었다. 근비는 박종손이 집을 나가자 그제야 자리에서 일어나 옷을 입었다. 차경남을 생각하자 공연히 화가 치밀었다. 그녀에게서 떨어지지 않으려고 해서 골치였기 때문이다. 차경남은 이웃 마을 사람이었고 박종손은 한마을 사람이었다. 근비가 차경남을 처음 만난 것은 한마을에 사는 계손이라는 사내 때문이었다.

"여자 혼자 세상을 살아가는 것은 어려운 일이야. 차경남이라는 사내는 옆마을에 사는데 비록 농사꾼이지만 살림도 넉넉하다. 평생 너와 함께 살기를 원하니 어떻게 생각하느냐?"

근비는 계손의 말에 당황하여 어찌할 바를 몰랐다. 계손은 그녀에게 중매를 서고 있었다.

"제가 무엇을 알겠습니까? 혼인은 부모가 허락을 해야 하는 것입니다."

근비는 얼굴을 붉히면서 간신히 대답했다. 공연히 얼굴이 화끈거리고 가슴이 뛰었다.

"네 신분이 천례(賤隷, 천민)니 굳이 혼례를 올리지 않아도 된다. 우선 정을 통하여 같이 살다가 허락을 받으면 되는 것이야. 너도 그렇고 네 부모가 외거노비인데 주인이 허락을 해주겠느냐?"

"전 이런 일은 모릅니다."

계손은 여러 날을 찾아와서 설득했다.

"밤에 문을 잠그지 않고 기다리고 있으면 그 사람이 올 것이다."

계손은 그 말과 함께 약간의 엽전 꾸러미와 옷감을 놓고 갔다. 근비는 당황하여 안절부절못했다. 그러나 그녀는 천민이었고 부모는 멀리 일을 나가 집에는 그녀밖에 없었다. 근비는 그날 밤 계손이 시키는 대로 문을 잠그지 않았다. 차경남이 문을 열고 들어오자 그를 받아들였고 그의 여자가 되었다. 차경남은 그날 이후 그녀의 집에 낮이고 밤이고 뻔질나게 드나들면서 남편 행세를 해대기 시작했다. 그 바람에 이웃 사람이 모두 알게 되었다.

"어째서 처가 있는 놈과 정을 통하는 것이냐?"

소문이 널리 퍼지자 같은 마을에 사는 박종손이 찾아와 버럭 화를 냈다.

"처가 있는지 몰랐어요."

근비는 눈앞이 캄캄해지는 것 같았다.

"차경남이와 다시는 만나지 말거라. 내가 너에게 장가들 것이다."

박종손이 눈을 부라리면서 달려들었다. 근비는 박종손의 완력을 당하지 못하고 그를 받아들였다. 그러나 차경남과의 관계도 청산하지 못했다. 차경남은 계속 그녀를 찾아왔고 박종손은 그때마다 이를 갈았다.

'오늘은 장마가 심하구나.'

근비는 비가 심하게 와서 밭에 나가 일을 하지 못하니 잠이나 자야겠다고 생각했다. 그때 옆집에 사는 언년이가 삼태기를 머리에 쓰고 달려왔다.

"비가 오는데 웬일이래?"

근비는 마뜩찮은 시선으로 언년이를 흘겨보았다. 차경남과 정을 통하는 것도, 박종손과 정을 통하는 것도 전부 언년이가 소문을 내는 바람에 마을 사람들 앞에서 얼굴을 들 수 없게 되었던 것이다.

"박종손이 왔다가 갔지?"

언년이는 무슨 냄새라도 맡듯이 근비에게 가까이 와서 킁킁거렸다.

"무슨 짓을 하는 거야?"

"사내 냄새가 나나 보려구."

"미쳤어?"

"복도 많지. 시집도 안 간 처녀가 남자가 둘이라니……. 박종손과 정을 통했지? 차경남이보다 박종손이가 더 좋은 거야? 누가 더 좋아?"

언년이가 채근하며 근비를 바짝 끌어안는 시늉을 했다.

"왜 이래?"

근비는 앙칼지게 말하며 언년이를 밀쳐냈다.

"차경남이와 정을 통하면서 왜 박종손과 정을 통하는 거야?"

삐죽한 언년이의 말에 표정이 어두워진 근비는 한숨을 쉬며 말했다.

"차경남이는 본처가 있으니 종신토록 의지할 수가 없잖아?"

"차경남이가 매일같이 너를 찾아오는데 어쩔 거야?"

"나도 모르겠어."

"오늘 밤에도 차경남이 찾아올 거 아니야?"

"박종손이도 올 텐데 어떻게 하지?"

"그럼 우리 집으로 와."

언년이는 한바탕 수다를 떨다가 돌아갔다.

그날 밤, 비는 그쳤으나 달이 뜨지 않아 사방이 캄캄했다. 그럼에도 박종손은 성큼성큼 근비의 집을 향해 걸음을 떼었다. 차경남이 근비의 집에 와 있으면 잠이 들었을 것으로 짐작되는 시각이었다.

'여편네가 있는 놈이 근비를 탐하다니…….'

박종손은 차경남을 생각하자 속에서 열불이 났다. 근비는 그가 오랫동안 색시로 삼으려고 했던 여자였다. 그러나 박종손이 노비의 신분이었기 때문에 장가를 드는 일이 쉽지 않았고, 근비 역시 외거노비 출신이었기 때문에 양가 주인의 허락을 받아야 했다. 박종손이 이러지도 못하고 저러지도 못하고 있는 사이에 차경남은 계손과 짜고 거짓으로 중매를 하는 체하여 근비를 속이고 간음했다.

"누렁이가 어름어름하니 솔개가 병아리를 채갔지."

사람들이 박종손을 비웃었다. 박종손은 그 생각을 하자 화가 머리끝까지 치밀었다. 마을을 지나는데 어느 집에선가 개가 짖었다. 박종손은 언년이의 집을 지나 근비의 집에 이르렀다. 근비가 제대로 했는지 궁금하여 평소보다 빠르게 도착한 듯하다.

"차경남이에게 술을 먹이고 있어."

박종손이 낮에 근비에게 은밀히 일러두었다.

"왜요?"

"그놈을 없애버릴 거야. 그래야 너와 내가 혼례를 올리고 살 수 있어."

박종손은 근비의 집 앞에 서서 심호흡을 했다. 근비의 집은 불이 꺼진 채 조용했다. 얼마의 시간이 지났을까. 근비가 방에서 나오는 것이 보였다.

"차경남이는?"

박종손이 근비 앞으로 뛰어나가 다급히 물었다.

"잠들었어요."

근비가 떨리는 목소리로 말했다. 박종손은 새끼줄을 가지고 근비의 방으로 들어갔다. 긴장으로 가슴은 세차게 뛰었고 손에서는 땀이 배어났다.

'차경남이는 죽어야 돼.'

박종손은 심호흡을 했다. 어둠 속에 깊이 잠든 차경남이의 모습이 흐릿하게 보였다. 그는 살며시 문지방을 넘어 방으로 들어갔다. 가만히 귀를 기울이자 코고는 소리가 들렸다. 그는 차경남의 지척까지 조심조심 다가갔다. 다시 한 번 심호흡을 하는 동시에 재빨리 차경남을 깔고 앉아 목을 조르기 시작했다. 차경남이 켁켁거리면서 발버둥쳤다.

"살, 살인을 하면 안 돼요!"

근비가 놀라서 소리를 질렀다.

"닥쳐! 가만히 있지 않으면 네년도 죽일 거니까!"

박종손이 눈에서 살기를 뿜으면서 소리를 질렀다.

살인사건이 발생한 곳은 왕십리 시구문 밖 천민 주거지였다. 한성부 동부 (東部, 조선시대 한성을 네 구역으로 나눈 행정구역. 오늘 날의 구청) 관령(官令) 이주회는 오작인과 나졸들을 데리고 향임(鄕任) 오치근의 안내를 받아 현장에 이르렀다. 사건 현장은 마을의 외진 곳에 위치했으며 앞에는 콩밭이, 뒤에는 야산이 있었다.

"누구네 집인가?"

이주회가 오치근에게 물었다.

"근비라는 천민의 집입니다."

오치근은 50대의 노인으로 몸이 깡말라 있었다.

"근비는 혼자 살고 있는가?"

"부모와 함께 살았지만 현재 부모는 멀리 나가 농사를 짓고 있습니다."

"부모도 없이 혼자 살고 있다는 말인가?"

"예."

근비의 초가집 앞에는 마을 사람이 모두 몰려와 웅성거리고 있었다. 이주회는 문을 열고 안으로 들어갔다. 사체는 눈을 부릅뜨고 죽어 있었다. 목을 자세하게 살피자 손으로 조른 듯 양쪽에 피멍이 들어 있었다.

"액살(縊殺)인가?"

이주회가 눈살을 찌푸리면서 오작인(仵作人, 지방 관아에서 시체를 임검할 때에 시체를 주워 맞추는 일을 하던 하인)에게 물었다. 오작인은 40대로 동부에서만 10년이 넘게 검험(檢驗)을 해왔다.

시구문 서울시립대박물관 소장

"예. 늑액사(勒縊死)인 것 같습니다."

늑액사는 강제로 목이 졸려 죽은 것이다.

"다른 외상이 있는지 자세히 살피게. 한성부와 포도청에서도 검험을 할 테니……."

"예."

오작인은 사체의 베저고리를 벗기고 검험을 했다. 사람이 죽으면 삼검(三檢)을 하게 되어 있는데 검시를 조금이라도 잘못하면 파직을 당하는 일까지 있었다. 시체의 옷을 모두 벗기고 샅샅이 검험을 했으나 외상은 보이지 않았다. 겉으로 드러난 독극물 흔적도 없었다.

오작인이 은봉(銀棒)을 입에 넣어 살폈으나 변하지 않았다. 검시를 할 때 독물에 의해 죽은 것으로 의심이 되면 은(銀)으로 만든 막대기를 시체의 목 구멍에 넣는다. 잠시 후에 꺼내서 은봉이 검게 변하면 살아있을 때 독살당한 것이다. 검험관은 항상 은봉을 지니고 있어야 하는데, 이때 은봉은 장인(匠人)이 만든 순도 높은 것이어야 한다. 은은 더러운 것이 닿으면 색이 변하기 도 해서 부녀자의 은비녀 같은 것으로 검험하면 잘못된 결과가 나올 수 있기 때문이다.

"초를 사용해 보아라."

이주회가 오작인에게 지시했다. 검시할 때 사건을 위장하기 위해 상처를 감추는 일이 종종 있다. 산과 들에서 절로 나는 꼭두서니(茜草)를 초에 담갔다 가 상처에 바르면 상처가 보이지 않는다. 이때는 감초(甘草)를 약간 물에 달여 서 그 물로 씻으면 상처가 다시 나타난다.

오작인이 감초물을 시신 위에 발라보았으나 상처가 나타나지 않았다.

"총백도 사용해 보아라."

이주회가 다시 영을 내렸다. 오작인이 시체의 여러 곳에 총백(蔥白, 파의 밑 동)을 발랐다. 시체는 죽은 후 청색으로 변하기 때문에 구타한 자국이 잘 보 이지 않는다. 구타한 자국이라고 의심 가는 데가 있으면 우선 물로 그 부위를 축축하게 적신 다음, 파의 총백을 짓찧어 살짝 데친 후 의심스러운 부위에 바 른다. 그 위에 초를 적신 종이를 덮고서 얼마간의 시간이 지난 후에 종이와 파의 밑동을 벗겨내면 자국이 뚜렷하게 드러난다.

총백까지 사용했으나 구타한 흔적은 보이지 않았다.

'이는 남자가 목을 졸라 살해한 것이다.'

꼭두서니 꼭두서니과에 속하는 다년생 덩굴성 초본식물.

이주회는 사건이 의외로 쉽게 풀릴지도 모른다고 생각했다.

"죽은 자가 누구인지 알고 있는가?"

"이웃 마을에 사는 차경남이라는 자입니다."

"근비의 남정네인가?"

"그게……."

향임 오치근은 난처한 듯이 대답을 하지 못했다.

"빨리 말하라."

"근비와 정을 통하는 남자입니다."

향임이 우물쭈물 대답했다. 그때 밖이 소란스러워지더니 아낙네의 울음소리가 들렸다.

"누구인가?"

"차경남의 아낙입니다."

"그렇다면 간음을 한 것이 아닌가?"

향임은 대답을 하지 않았다.

"근비는 남정네가 있는가?"

"혼인을 하지 않은 처자입니다."

"근비를 불러오라."

이주회가 영을 내리자 나졸들이 근비를 데리고 왔다. 이주회가 근비를 쏘아보자 예쁘장하면서도 처자답지 않게 풍만한 몸을 갖고 있었다.

"차경남이 어찌하여 너희 집에서 죽어 있는 것이냐?"

"소인은 모르는 일입니다."

근비가 불안한 표정으로 몸을 떨면서 대답했다.

"너는 어젯밤에 어디에 있었느냐?"

"저기 언년이네 집에서 잤습니다."

"집을 놔두고 어찌하여 이웃집에서 잔 것이냐?"

"언년이가 동무라 그 집에 가서 자기도 하고, 언년이가 우리 집에 와서 자기도 합니다."

"차경남이를 누가 죽였는지 알겠느냐?"

"소인은 모릅니다."

근비는 얼굴이 하얗게 변해 있었다.

"네 이년! 사실대로 고하지 못할까!"

이주회가 버럭 소리를 지르자 근비가 깜짝 놀라 무릎을 꿇었다.

차경남을 목 졸라 살해한 박종손은 체포되었다. 세상에는 여전히 비가 내리고 있었다. 근비는 구류간 창살 사이로 하얗게 쏟아지는 빗줄기를 내다보고 있었다. 그녀는 자신이 차경남을 살해하지 않았는데도 살인죄로 구류간에 잡혀와 있는 까닭을 이해할 수 없었다.

"나리, 소인은 살인을 하지 않았습니다."

근비는 동부 관령 이주회에게 억울하다고 호소했다. 근비는 동부 관아에서 혹독한 신문을 받았다.

"네가 박종손과 간음을 하지 않았느냐?"

"간음이라니 당치 않습니다."

"본부(本夫, 본남편) 차경남이 있는데 박종손과 통정을 했으니 간음이 아니고 무엇이냐?"

"차경남은 부인이 있는데 어찌 본부라고 하십니까?"

"차경남이 박종손보다 먼저 정을 통한 남자니 본부가 아니냐?"

"혼인을 한 것도 아닌데 어찌 본부라고 하십니까? 혼례를 올린 일도 없습니다."

"닥쳐라. 너 같은 천민이 무슨 혼례를 올린다는 말이냐?"

이주회는 근비에게 곤장을 때리게 했다. 천민들은 혼례를 올리기도 했지만 그냥 함께 살면 혼인으로 인정되기도 했다. 가난해서 혼례식 비용을 마련할 수 없는 천민은 대부분 합방을 하는 것으로 혼례를 대신하는 일이 많았다.

이주회는 언년이를 간증(干證, 증인)으로 불러다가 신문했다.

"너는 근비와 친하다고 했지? 근비가 차경남과 박종손에 대해서 하는 이야기를 들은 일이 있을 것이다. 차경남에 대해서는 무엇이라고 했느냐?"

"차경남이 부인이 있다는 것을 알고 실망했습니다. 그래서 박종손과 정을 통한 것입니다."

"차경남과 얼마나 정을 통했느냐?"

"8일이 되었다고 했습니다."

"8일 만에 간음을 하다니 참으로 음탕한 계집이구나. 차경남을 원망하지 않더냐?"

"원망하는 기색은 없었습니다."

"네가 근비와 동무라고 거짓을 고하는구나. 저 계집에게 곤장을 쳐라."

이주회가 영을 내리자 나졸들이 사납게 형장을 때렸다.

"이실직고합니다. 근비는 원망하는 기색이 있었습니다."

언년이는 형장을 맞고 난 뒤 진술을 바꾸었다.

"무엇이라고 원망을 했느냐?"

"차경남은 본처가 있으니 종신을 의탁할 수 없다고 했습니다."

"박종손이 차경남을 죽이는 것을 근비와 모의했다고 했느냐?"

"그런 말은 없었습니다."

이주회는 살인범인 박종손을 끌어내어 혹독하게 신문했다.

"네가 차경남을 죽이기 위해 근비와 모의했느냐?"

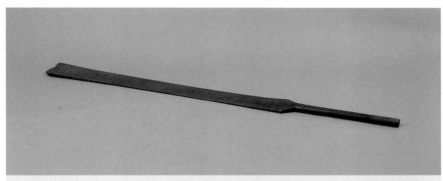

대곤장　　　　　　　　　　　　　　　　　　　국립중앙박물관 소장
손잡이는 짧고 둥글며 장판(杖板)은 길고 납작함. 손잡이 길이 51cm.

"아닙니다. 소인이 스스로 결단했습니다."

"차경남을 죽이겠다고 근비에게 말하지 않았느냐?"

"말한 일이 없습니다."

"그렇다면 근비가 어찌하여 차경남과 같이 자지 않고 언년이의 집에 가서 잔 것이냐?"

"그것은 소인이 알 수 없는 일입니다."

"닥쳐라. 네가 감히 거짓을 고하느냐?"

"거짓이 아니라 참입니다."

"죄수가 사실대로 고하지 않으니 형장을 쳐라. 우선 열 대를 쳐라!"

이주회의 지시에 의해 나졸들이 곤장을 때렸다.

"근비는 소인이 차경남을 죽이는 것을 알고 있었습니다."

박종손은 형장 열 대를 맞고 진술을 바꾸었다.

"어떻게 알고 있었느냐?"

"소인이 차경남을 살해할 때 함께 있었습니다."

"근비와 함께 죽인 것이냐?"

"아닙니다. 소인이 차경남을 죽일 때 같이 있었습니다."

근비는 다시 이주회의 신문을 받았다.

"네가 차경남이를 죽일 때 같이 있고서도 어찌 거짓을 고하느냐? 거짓이 통할 줄 알았느냐?"

"소인은 살인을 하면 안 된다고 했습니다. 그런데 박종손이 가만히 있지 않으면 소인도 죽일 것이라고 하였습니다."

근비는 울면서 사실을 자백하지 않을 수 없었다.

근비의 사건은 형조를 거쳐 성종에게 보고되었다.

"박종손이 근비를 두고 질투하여 차경남을 교살하였는데, 박종손과 차경남은 모두 간부(奸夫)이니, 박종손은 사형에 처하고, 근비는 곤장을 때리고 유배를 보내는 것으로 논의해야 합니다."

좌부승지 김계창이 형조의 계본(啓本)을 가지고 아뢰었다.

"천민의 혼례인데 어찌 성례(成禮)하기를 기다리겠습니까? 마땅히 먼저 간통한 자를 본남편으로 삼는 것입니다. 더구나 차경남에게 중매가 있었으므로 그이가 곧 본남편인데, 근비가 참여하여 본남편을 죽였으니, 율(律)이 사형에 처하는 데에 해당합니다."

좌승지 김승경이 아뢰었다. 그의 주장은 이해할 수가 없는 것이었다.

"부모에게 고하지 않고 스스로의 정(情)으로써 서로 간통하였으니, 간부가 아니고서 무엇이겠습니까?"

김계창이 아뢰었다. 차경남도 간부에 지나지 않는다는 것이 그의 주장이었다. 차경남이 남편이 되면 근비는 남편을 죽이는 데 가담하거나 묵인한 것이 인정되어 사형을 당해야 한다. 강상의 죄에 해당되기 때문이다. 그러나 차경남이 간부가 되면 남편은 아니므로 강상의 죄를 벗어날 수 있게 된다.

"천민의 혼인에 어찌 중매를 기다리겠습니까? 마땅히 먼저 간통한 자를 본남편으로 삼을 것입니다. 만약 차경남이 본남편이 아니라면, 박종손이 어찌 모살하기에 이르렀겠습니까?"

우승지 이경동이 아뢰었다. 이경동은 강상의 죄라고 주장했다.

"근비는 박종손이 차경남을 모살한 것을 알고서도 말하지 않았고, 박종손이 차경남을 죽였을 때에도 구원하지 않았으니, 마음속의 악을 책하는 주의(誅意)의 법(法)으로써 논한다면 근비는 죽여야 합니다."

도승지 홍귀달이 아뢰었다. 홍귀달은 강상의 죄가 아니라도 살인하는 것을 묵인했으니 사형에 처해야 한다고 주장했다.

"근비는 박종손이 모살할 때, 차경남은 본처가 있어서 평생을 의탁하여 종신(終身)할 수 없다고 대답하였으니, 이는 사정(事情)을 알고서 죽인 것입니다."

우부승지 채수가 아뢰었다. 채수의 주장도 근비가 살인자라는 것이었다.

"근비는 차경남과 간통한 지 열흘도 안 되어서 또 박종손과 간통하였으니, 어찌 차경남을 본남편이라고 할 수 있겠습니까?"

김계창이 아뢰었다. 승지들은 차경남을 본남편으로 보느냐 여부로 치열한 논쟁을 벌였다. 차경남이 본남편인지 여부에 따라 근비의 처벌이 달라지기 때문이었다. 승정원에서 논쟁의 결론을 내리지 못하자 조정으로 논쟁이 확산됐다.

"근비는 그 주인과 부모에게 고하지 아니하고 사의(私意)로써 서로 간통하였으니, 어찌 본남편이라고 말할 수 있겠습니까?"

판윤(判尹) 이숭원과 형조참판 이극기가 아뢰었다.

"차경남은 계손(季孫)으로 하여금 중매를 하게 했으니 간부라고 이를 수는 없다. 또 박종손이 모살할 때에 근비는 일찍이 한마디의 말도 중지함이 없었고, 교살함을 보고서도 무심히 좌시(坐視)하였으므로 그 마음이 참혹하니, 지정살본부(知情殺本夫)로써 개율(改律)하여 아뢰라."

성종이 영을 내렸다. 성종은 근비를 남편을 살해한 죄로 다스리라고 명한 것이다.

"전옥서의 죄수 근비가 차경남을 살해하는 데 간여된 일은, 처음에 차경남이 계손의 중매로 근비와 사통하였는데 이웃 사람 박종손이 매양 근비와 더불어 말하기를, '내가 차경남이를 죽이고 너에게 장가들어 같이 살고자 한다' 하였습니다. 어느 날 밤에 차경남과 근비가 함께 있는데 종손이 바로 그 집에 들어와서 새끼로 그 목을 조르고 장차 죽이려고 하자 근비가 큰소리로 말렸는데 종손이 위협하자 소리를 그쳤습니다. 근비가 비록 처음에는 모의에 참여하지 아니하였더라도 종손이 죽일 때를 당하여 큰소리를 쳐서 밖에 들리도록 하지 아니하였으니, 마땅히 극형에 처하여야 합니다."

좌부승지 김계창이 아뢰었다. 김계창은 살인을 방조한 죄도 살인이나 마찬가지이니 극형에 처하라고 주장했다.

"죽일 때를 당하여 소리를 질러서 말리려고 들지 아니하였으니, 이는 죽이는 데 참여하여 들어준 것이기 때문에 죽이는 것이 가하다."

성종이 명을 내렸다.

"죽일 때에 비록 소리를 질러 구제하려고 하였으나 해친다는 말에 겁을 내어 구제하지 못하였으니, 극형에 처하는 것은 온당치 못할까 합니다."

형조참판 이극균과 형조참의 이육이 아뢰었다. 형조의 관리들은 법을 잘 알고 있었기 때문에 근비가 무죄라고 주장했다. 조정의 논의는 분분했다.

"근비는 비록 차경남과 더불어 사통하였을지라도 처음에 계손을 중매로 삼았고 다른 남편이 없으니, 진실로 간부는 아니다. 근비가 처음 종손의 해치려는 말을 듣고도 차경남에게 고하여 일찍 조처하지 아니하였으니, 가히 저자거리에서 형벌을 베풀어 뒷사람을 경계해야 할 것이다."

성종이 명을 내렸다.

근비의 옥사는 조정에서 논의되었다.

"근비가 간부 박종손과 함께 차경남을 살해한 정상이 매우 명백하니, 진실로 죽여 마땅합니다. 그러나 차경남도 본남편이 아닌데, 본남편을 죽인 율(律)로 논단(論斷)하는 것은 미안(未安)하니, 간부가 서로 살해한 것으로 논단하는 것이 적당합니다."

영의정 정창손이 아뢰었다. 정창손도 법에 따라 처벌해야지 감정적으로 처벌하면 안 된다고 주장했다.

"박종손이 차경남을 살해하는 일을 근비가 명백히 알았으니, 마땅히 극형에 처해야 합니다. 그러나 가세한 정상이 없고, 차경남과 박종손은 다만 선후(先後)의 구분이 있을 뿐이므로 본남편으로 논할 수 없으니, 사형을 감하는 것이 적당합니다."

심회, 윤사흔, 김국광, 홍응이 의논하여 아뢰었다.

"근비는 계손의 중매로 차경남에게 시집가서 남편으로 삼았으니, 본남편임이 명백합니다. 또 박종손이 차경남을 죽이겠다는 말을 이미 일찍이 들어서 알고 있었으니, 죽이는 일에 참여해 들은 것 또한 명백합니다. 차경남과 같이 자던 날 살해할 때에 그 정상을 보고도 오히려 구원해 말리지 못하였으니, 그 사정으로 미루어본다면 만 번 죽여도 오히려 가볍습니다. 이제 만약 애매한 것으로 논하여 목숨을 보전하게 된다면, 무릇 다른 사람의 본남편이 살해되고도 원한을 풀지 못하는 것이 많을 텐데, 어찌 한 여자를 불쌍히 여겨 천하의 큰 법을 무너뜨리겠습니까? 율에 의하여 처단하는 것이 어떠합니까?"

윤필상이 아뢰었다.

"근비가 차경남과 사귀어 시집갈 때에 양가 부모가 모두 알지 못하였고, 이웃도 알지 못하였습니다. 또 차경남은 본처가 집에 있어서 일찍이 근비와 더불어 하루도 동거하지 아니하였으니 본남편으로 논할 수 없습니다. 계손이 비록 중매하였다 하더라도 양가 부모가 명한 것이 아니고, 다만 두 사람의 말을 전하여 몰래 간통한 것뿐입니다. 차경남을 살해할 일을 박종손이 말을 내자 근비가 금하였고, 살해하던 날에는 해를 당할까 두려워하여 다른 곳에서 자려고 하였는데, 박종손이 억지로 청하여 유숙시켜서 살해하였으니 근비가 참여하지 아니한 것이 명백합니다. 이미 본남편이 아니고 또 죽이는 데 관여하지 아니하였으니 본남편을 죽인 율로 논단할 수 없습니다. 사형을 감하는 것이 적당합니다."

노사신과 이극배가 아뢰었다.

"차경남이 비록 본남편은 아니라고 할지라도 박종손과 선후를 논하면, 차

34

경남이 먼저이고 박종손은 뒤입니다. 근비에게 만일 본남편이 있다면 차경남과 박종손은 모두 간부가 되므로 선후를 말할 수 없으나, 근비에게 이미 본남편이 없으니, 먼저 간통한 것을 본남편으로 삼는 것이 마땅합니다. 근비가 비록 박종손이 차경남을 살해하려는 모계(謀計)에 가세하지 아니하였고, 특별히 먼저 알지 못하였다 하더라도, 그날 밤 살해할 때에 미쳐서는 알면서도 오히려 금하여 막지 아니하였으므로 가세한 것과 다름이 없으니 정해진 형벌을 가하는 것이 마땅합니다. 만약 차경남이 본남편이 아니고 근비가 가세하지 아니하였다고 하여 죽음을 면하게 한다면, 이처럼 음란한 여자를 제어할 수가 없을 것입니다.”

권감과 여자신이 아뢰었다.

“차경남을 본남편으로 논하는 것은 미편(未便)합니다. 그러나 박종손이 살해하려는 모계를 근비가 명백히 알았으니, 극형에 처하지 아니할 수 없습니다.”

권윤이 아뢰었다.

“근비는 본래 남편이 없는데, 차경남이 중매로 인하여 장가들었으니, 본남편이라고 이르지 아니할 수 없습니다. 근비는 일찍이 박종손이 차경남을 죽이고 같이 살겠다는 말을 들었으며, 그 뒤 살해하던 날 밤에 미리 변이 있을 것을 알고 차경남과 더불어 다른 곳에 옮겨서 자고자 하였는데, 박종손이 만류하는 즈음에 억지로 데리고 돌아가지 아니하고 그대로 그 집에서 잤습니다. 또 흉한 일을 행할 때에 근비가 먼저 알았으니 오히려 구(救)할 수 있었는데, 앉아서 보고 금하지 아니하였습니다. 죽인 뒤에도 삿갓 등의 물건을 친히 가지고 가서 시체 위에 덮고, 이튿날 몰래 칼 따위의 물건을 씻어서 그 자취를 없앴으니, 도와서 죽인 것보다 심합니다. 계본(啓本)대로 시행하여 풍교를 바르게 함이 어떠하겠습니까?"

한천손, 신부, 이길보, 배맹후가 아뢰었다.

"차경남은 비록 본처가 있다고 하더라도 근비가 시집갈 때에 중매하였으니, 근비에게는 진실로 본남편인데, 박종손이 살해하려는 것을 알면서 고하지 아니하였으니 죄가 마땅하므로 사형에 처해야 할 것입니다."

박중선, 어유소, 이극증, 이철견이 의논하여 아뢰었다.

"근비와 차경남은 혼인을 주장하는 이가 없이 상종하였으니 본남편이라고 이를 수 없고, 또 '죄가 의심스러운 것은 가볍게 하라' 하였으니 간부가 서로 살해한 예에 의하여 근비에게 사형을 감하는 것이 어떠하겠습니까?"

김양경이 아뢰었다.

"차경남이 죽은 일이 근비로 말미암았으니 춘추필법(春秋筆法)으로 단정한다면 비록 죽여도 가합니다. 그러나 《대전(大典)》의 율문에 의거하여 처단한다면 결코 죽일 이치가 없습니다. 비록 차경남이 중매가 있어 며칠 먼저 간통함으로써 본남편이 된다고 할지라도, 저들이 감히 드러나게 근비의 집에서 자지 못하고 몰래 중매한 집에서 잤으며, 이른바 중매한 자도 근비에게만 말을 통하였고 감히 근비의 부모와 족속에게 드러내어 의논하지 못하였으니, 그 본주인과 같이 사는 사람들도 모두 알지 못하였는데, 어찌 본남편으로 논하여 근비를 사형에 처하겠습니까? 옛말에 이르기를, '죄가 의심스러운 것은 가볍게 하라' 하였으니, 신의 생각으로는 《대전》 율문의 본의(本意)를 참작하여 간부가 서로 죽인 것으로 논정(論定)하는 것이 적당할 듯하며, 더욱이 원옥(元獄)이 또한 의심스러움이 없지 아니합니다. 신이 조계(朝啓)에서 이미 계달하였거니와, 지금 이 옥사는 원래 본주인(本主人)이 고한 바이니 다시 삼사(三

司)에서 추국(推鞫)하게 하소서. 국론(國論)이 이미 정해져 다시 고치기 어렵다는 것을 잘 알고 있으나, 옥사(獄辭)가 무궁함은 고금(古今)을 통한 병통입니다. 여름철에는 시체의 살빛(肉色)이 변하기 쉬우며, 한 번 간통한 일로 곧 남편을 살해한 것으로 논함은, 신은 망령되지만 의심스럽다고 여깁니다. 반복해서 자세히 조사하여 살릴 길을 구하소서."

이육이 아뢰었다.

"의논하는 자가 이르기를, '근비가 먼저 차경남과 간통하였는데 중매가 있었고, 다음에 박종손과 간통하였는데 중매가 없었으니, 마땅히 차경남을 본남편으로 삼아야 한다' 하는데, 신의 생각으로는 근비가 두 남편을 간통한 사이가 겨우 8일 간격이고, 일정한 남편이 없이 음행(淫行)을 한 것이 진실로 하루만이 아니니 또 한 남편이 아니고 반드시 다른 간부가 있을 것입니다. 또 대저 비록 음행을 하는 여자일지라도 남자와 간통할 때에는 반드시 말을 통하는 자가 있게 마련인데, 어찌 이것을 가지고 본남편이라고 결정하겠습니까? 더구나 박종손은 이미 용지통간(容止通奸)으로 논죄하여 유배되기에 이르렀는데, 서로 간통한 자를 본남편으로 논한다면, 이는 한 가지 일에 두 가지 율(律)을 쓰는 것이니 실정과 법에 맞지 아니함이 심합니다.

또 양반의 집안에서 부리는 계집종(婢子)은 반드시 본주인의 허락이 있어야 시집가서 그 남편으로 하여금 출입하는 데에 방해로움이 없게 한 뒤에야 본남편으로 논하는데, 근비의 주인 민효원(閔孝源)에게 물으니 모른다고 하므로, 본남편으로 논할 수 없음이 명백합니다. 의논하는 자가 또 이르기를, '일찍이 박종손의 해치려고 한다는 말을 듣고도 차경남에게 말하지 아니하였고, 또 살해할 때를 당하여 힘써 구하지 아니하였으며, 또 삼사에서 추문할 때를 당하여 발설하지 아니하였으니, 마땅히 극형에 처해야 한다' 하였습니다. 신이 또한 생각하기를, '미워서 죽이고 싶다'는 말은 바로 시정(市井)의 간악한 무리가 욕설을 퍼붓는 데에 보통 쓰는 말이므로, 반드시 놀라거나 말을 믿지 아니하였을 것이고, 서로 간통한 지 며칠 사이에 갑자기 살해할 마음이 있었다는 것은 인정(人情)으로도 곧이듣지 아니하였을 것이니 이것이 그 용서할 만한 것의 하나입니다.

차경남과 더불어 같이 누워서 곤하게 잠을 자다가 깨달았을 즈음에 차경남은 이미 죽어가서 수족만 움직였는데, 창졸간에 놀라고 의혹하는 순간에 스무 살의 어리고 미혹된 계집이 어찌 미처 구하겠습니까? 더구나 '너도 함께 죽인다'는 말로써 공갈한 것이겠습니까? 이것이 그 용서할 만한 것의 둘입니다.

삼사에서 추문할 즈음에 숨겨서 면하고자 하는 것은 모든 사람이 같은 마음인데, 더구나 자기와 같이 누웠던 사람이 죽임을 당한 일을 가볍게 스스로 고하겠습니까? 이는 족히 논할 것이 못됩니다. 신이 조계(朝啓)에서 이미 사형을 감하도록 청하였으니 성상께서 재량하소서."

이극돈이 아뢰었다.

"근비는 본주인이 있고 차경남은 본처가 있는데, 다만 박종손의 꾐으로 우연히 박종손의 집에 갔다가 그가 요구해 막음으로 인하여 드디어 차경남과 서로 간통한 것입니다. 처음에는 본주인으로 하여금 알지 못하게 하였으니, 이는 여러 사람이 함께 알고서 예(例)에 의하여 혼인을 이루어 영구히 본남편으로 삼을 계책이 아닙니다. 그때에 만약 본주인이 알고서 법관에게 고하였다면 법관은 마땅히 간통죄로 단정하였을 것이고 박종손은 용지통간(容止通

奸)의 율(律)을 면치 못하였을 것인데, 어찌 중매하였다고 이를 수 있겠습니까? 그렇다면 차경남은 간부임이 명백합니다.

근비가 박종손에게 붙잡혀 잠시 간통하였으나, 두 번 다시 간통하여 서로 친밀하게 된 자취가 없으니, 박종손과 무슨 정고(情故)가 있겠습니까? 또 박종손이 차경남을 죽이겠다는 말로 인하여 생각하기를, '저이는 본처가 있는데 무엇 때문에 해치려고 하겠는가?'라고 여겼다 하니, 그것은 박종손을 거절한 것이 명백합니다.

그리고 차경남을 데리고 그 집에 가서 자고자 한 것은 차경남을 보호한 것이 분명한데, 마침내 구하지 못한 것은 같은 간부이므로 그 형편이 감히 서로 고할 수 없었으니, 이는 미혹(迷惑)한 여자의 무지(無知)에서 오는 당연한 태도입니다. 하물며 차경남이 교살(絞殺)을 당하였을 때에 놀라고 두려워하는 형적(形迹)이 자못 드러났으나, 단지 박종손의 위협으로 인하여 마침내 구하지 못하였으니, 이것도 무지하고 비겁하고 못난 소치입니다. 만약 차경남이 죽은 뒤에 주머니와 띠를 불에 태운 것을 가지고 공모한 것 같다고 한다면, 이는 크게 옳지 아니합니다. 살아서 구하지 못하였으니 부득이하여 그 형적을 없애어서 자신을 위한 계책을 도모한 것인데, 이 또한 상정(常情)입니다. 대저 죄가 의심스러운 것은 가볍게 하는 것인데, 만약 근비가 공모한 정적(情迹)이 명백하면 한 법리(法吏)가 이미 판결하였을 것인데, 이리 여러 의논을 널리 모으는 것은 그 일이 의심스럽고 실정이 드러나지 않았기 때문입니다. 실정이 드러나지 아니하고 일이 의심스러우면 가볍게 하는 법에 따르는 것이 마땅합니다. 또 지식이 있는 자는 범한 바가 비록 작을지라도 법을 마땅히 갖추어서 책(責)할 것이나, 무지한 사람은 비록 범한 바가 있을지라도 실정을 간혹 용서할 만합니다. 신은 생각건대 근비는 실정이 애매하니 극형에 처하는 것은 마땅치 못하다고 여깁니다."

윤계겸, 이숙기, 어세겸이 아뢰었다.

"나의 생각으로는 죄가 사형에 처하는 것이 마땅하다고 여기는데, 어떤가?"

임금이 물었으나 논의는 여전히 분분했다.

"의심스러운 죄는 가볍게 하라는 것이 비록 제왕(帝王)이 형벌을 삼가는 법이라고 할지라도, 참여해 들은 까닭으로 죄를 주는 것은 또한 춘추필법(春秋筆法)의 죄로 처단하는 법이다. 차경남이 중매를 통하여 서로 만났으니 간부로 논할 수 없다. 또 어찌 그 남편이 죽는 것을 차마 보면서 구하지 아니할 수 있는가? 근비의 죄는 강상(綱常)에 관계되는데, 이제 만약 사형을 감하면 일반 백성들 가운데 간부(奸夫)를 사랑하는 자가 모두 그 본남편을 죽이고자 할 것이니, 옳겠는가? 이런 풍습을 자라나게 할 수 없으니, 본남편을 죽이려고 꾀한 율(律)로 처단하라."

임금이 영을 내렸다.

형조에서 삼복(三覆)하여 성종에게 보고했다.

"전옥서의 죄수인 학생(學生) 박종손이 차경남을 살해한 죄와 사비 근비가 차경남과 간통하고 또 박종손과 간통했는데, 박종손이 차경남을 죽일 때에 근비가 알면서도 금지시키지 않은 죄는 율(律)로 다스려야 하며 박종손은 참대시(斬待時)에, 근비는 능지처사(凌遲處死)에 해당됩니다."

성종은 박종손에게는 참대시를 집행하고 근비는 능지처사에서 감하여 참형에 처하라는 영을 내렸다.

참형 조선시대의 사형에는 목을 매는 교형, 목을 베는 참형, 찢어 죽이는 능지처사가 있었다.

참대시는 사형 집행하는 시기를 기다리지 않고 즉시 참수형을 집행하는 것이고 능지처사는 조선시대의 가장 극악한 형벌이다. 머리, 팔, 다리, 몸통 등 6개 토막으로 나누어 사형을 시킨 뒤 각 지방으로 보내 사람들에게 구경시키는 형벌이다.

근비의 옥사는 매우 기묘하다. 근비는 처음부터 사노비라는 사실이 밝혀져 있고, 차경남 역시 천례라고 하여 주인이 있는 노비 출신이다. 그런데 박종손은 조정의 논의 과정에서 학생이라는 신분이 밝혀졌다.

학생은 유림이지만 벼슬을 하지 못하고 과거를 공부하고 있는 사람이다. 신분상으로 볼 때 근비나 차경남보다 훨씬 높은 위치에 있다. 그럼에도 오로지 본남편을 살해한 간부로만 언급되어 있다.

근비는 박종손이 차경남을 죽이려고 했을 때 만류했으나 그가 소리를 질러 위협을 했기 때문에 차경남이 살해당하는 것을 지켜볼 수밖에 없었다. 그럼에도 조정대신들은 치열한 법리 논쟁을 벌였고 성종의 독단에 의해 참수형을 당해 억울하게 죽었다.

2장
버린 꽃도
아까운 양반

조선의 대량 살인사건

　살인사건 중 모살은 원한에 의한 복수극이 많고 재물이나 치정 때문에도 일어난다. 지아비를 살해했다며 잔인한 복수를 돌려주는 여자도 적지 않고 부모 형제를 살해했다며 복수로 되갚아준 살인사건도 적지 않다. 그러나 조선시대에 일어난 복수 살인은 때때로 정당방위로 인정받거나 의열(義烈)로 칭송받기도 한다. 자신의 정조를 훼손했다고 노파를 잔인하게 살해한 김은애라는 여인은 오히려 열녀로 칭송받았고, 억울하게 죽은 남편의 복수를 하기 위해 범인을 찾아 14년 동안이나 전국을 헤매고 다닌 봉생은 감동적인 이야기라며 많은 사람에게 회자되었다.

　그러나 절대로 남들에게 인정받지 못하는 복수 살인이 바로 노주(奴主) 살인사건이다.

조선시대에는 노비라는 특별한 신분이 존재했다. 특히 사노비들은 주인에게 온갖 핍박을 받았고 매를 맞아 죽는 일도 허다했다. 여자 노비들의 경우에는 남편이 있는데도 주인의 성적 노리개가 되어야 했다. 이를 거절하면 혹독하게 매질을 당해 죽임을 당했다. 종은 주인을 고발할 수 없었고 주인에게 조금만 반항해도 참수형을 당했다. 이에 노비들은 어차피 죽을 바에야 성에 안 차는 반항을 하느니 주인을 살해해버리는 쪽을 택했다.

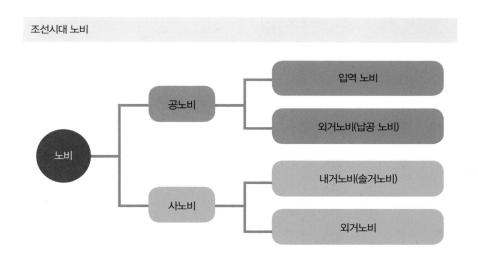

조선시대 노비

공노비(관청 소속)	사노비	
	내거노비	외거노비
관청의 토지 경작, 각종 잡역 수행	· 주인과 함께 거주함 · 주인집의 각종 잡일 담당함 · 외거노비보다 대우가 열악함	· 주인과 떨어져 거주함 · 주인의 토지를 경작하고 수확물의 일부를 바침(신공) 　⇒재산 형성에 유리함

충개(蟲介)는 눈을 부릅뜨고 허공을 노려보았다. 주인 원영사(元永思)에게 주먹으로 얻어맞은 오른쪽 눈두덩이 잔뜩 부어오른 것 같았다.

"망할 년, 복수(福守) 놈이 나보다 좋더냐?"

원영사가 충개의 치마를 걷어 올리면서 비아냥거렸다. 충개는 눈을 질끈 감았다. 짐승 같은 원영사의 낯짝을 대하지 않으면 모욕감은 덜하리라고 생각했다.

'쫓아낼 때는 언제고 이제 와서……'

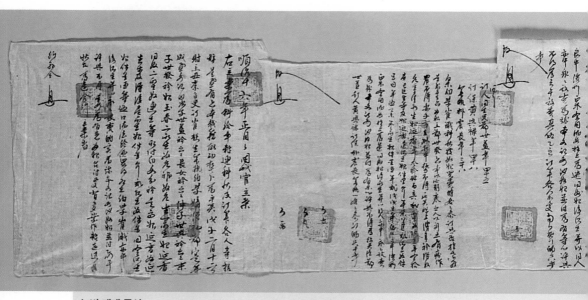

노비 매매 문서

그가 자신을 쫓아냈기 때문에 증오하는 것이 아니었다. 원영사는 외거노비인 충개를 첩으로 맞아들였다가 내쫓고 충개가 복수에게 개가를 하자 신공(身貢)을 터무니없이 과도하게 징수했다. 남들보다 두 배나 더 받았기 때문에 복수는 신공을 내기 위해 일 년 내내 허덕거리며 일해야 했다. 충개가 복수와의 사이에서 아들을 낳자 종모법에 따라 그 아이의 신공까지 징수했다.

조선시대 사노비는 내거노비와 외거노비로 나뉘는데 내거노비는 주인집에서 거처하면서 노비로 살았고 외거노비는 밖에서 자유롭게 살기는 했지만 1년에 한 번씩 몸값을 내야 했다. 이를 신공이라고 불렀다.

'나쁜 놈!'

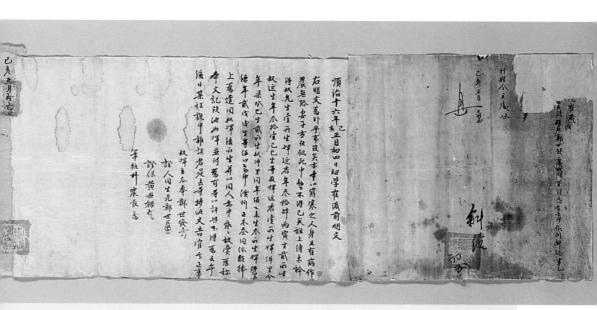

국립중앙박물관 소장

충개가 속으로 절규했다. 원영사는 충개가 자신의 첩이라면서 개가한 충개를 강음했다. 남편이 없을 때라면 어차피 첩 노릇을 했었으니 치마를 걷어 올리고 달려들더라도 눈 딱 감고 참고 있으면 그만이었다. 그러나 원수 같은 원영사는 남편이 버젓이 있는데도 그들의 방에 들어와 충개를 희롱했다. 남편은 그럴 때마다 어쩔 수 없이 자리를 피하고는 했다.

"저놈을 때려죽일 수도 없고……."

복수는 원영사 때문에 피눈물을 흘렸다. 그러한 남편의 모습을 볼 때마다 충개는 괴로웠다. 게다가 신공까지 두 배나 올려 받았기 때문에 견딜 수가 없었다.

"당신 주인 때문에 살고 싶지가 않네."

복수는 괴로워하면서 한숨을 내쉬었다. 남편이 괴로워하는 모습을 볼 때마다 충개는 가슴이 천 조각 만 조각으로 찢어지는 것 같았다.

"관가에 고발할 수 없어요?"

"종은 주인을 고발할 수 없어."

"그럼 시원하게 패줘요."

"종이 주인에게 뺨이라도 한 대 때리면 참수형이야."

"그럼 어떻게 해요?"

"방법이 없소."

복수는 원영사에게 풀 데 없는 분통이 터져 괴로운 나머지 눈물을 쏟았다.

"울지 말아요. 이러지도 못하고 저러지도 못할 바에야 그놈을 죽여요."

충개의 두 눈에서 시퍼렇게 독기가 뿜어져 나왔다. 충개의 말에 복수의 눈이 크게 떠졌다.

"주인을 죽이자고? 발각되면 우리도 사형당해."

복수는 얼음가루가 휘날리는 듯한 차가운 기운을 느꼈다.

"발각되지 않게 계획을 잘 세우면 돼요. 이렇게 평생 살 수는 없어요."

원영사는 그들에게 너무나 가혹한 주인이었다. 그가 온갖 구실로 그들을 악독하게 대했기 때문에 복수는 차라리 죽고 싶다는 생각까지 했었다. 아아, 그런데 사람을 어떻게 죽인다는 말인가. 사람을 죽인다는 생각만 해도 차가운 기운이 등줄기로 엄습해 왔다. 그러나 또 한편으로는 원영사에게 더 이상 고통당하고 싶지 않았다. 자신들을 괴롭히는 원영사의 가족을 볼 때마다 피가 역류하는 듯한 기분이었다.

1556년 명종 11년 2월, 강원도 원주에서 일가족 다섯 명이 죽임을 당했다. 살인사건 현장의 모습은 가히 엽기적이었다. 주인인 원영사는 사지가 절단되어 있었고, 후처는 임신 중이었는데 태아가 밖에까지 나와 있었다. 피가 낭자하게 흘러내려 발 디딜 곳이 없을 정도였다.

'참으로 끔찍하구나.'

사건 현장에 도착한 원주 목사는 그 참혹함에 구토가 치밀었다. 방바닥과 벽은 피로 벌창이 되어 있고 사체들은 끔찍한 모습으로 죽어 있었다.

"철저하게 검험하라."

목사는 율관 노호령과 오작인에게 지시하고 마당을 둘러보았다. 음력 2월 초순이었다. 아직 꽃이 피지는 않았으나 담장 앞에는 복숭아나무와 살구나무에 봉오리가 맺히고 있었다. 춘색이 낭자한 원영사의 집이었다. 잔인한 살인 사건이 벌어진 현장과는 너무나 다른 모습이었다.

초검은 해당 고을의 수령이 율관, 의관, 서리, 하례(下隸), 오작인(仵作人) 등을 거느리고 시체를 안치해둔 곳에 도착하여 공초(供招, 조선시대에 죄인이 범죄 사실을 진술하던 일. 또는 그 진술)를 받는 것으로 시작한다.

공초는 먼저 시친(屍親, 피해자 가족)에게 묻고, 다음에 정범(正犯, 살인자)에 게 묻는다. 간증(看證, 증인), 관계된 사람(干連人), 오가장(五家長, 살인사건이 발생한 집 주위의 다섯 집 가장), 싸운 곡절, 원한의 유무, 살아있을 때의 흉터, 범행 무기의 크기와 습득 여부 등을 하나하나 세밀하게 캐묻는다.

그다음에 검시를 실시하는데, 만약 날이 저물 경우에는 이튿날 아침까지 기다렸다가 검시하고, 검시를 마친 뒤 다시 공초를 받는다. 만약 어긋나거나 잘못된 곳이 있을 경우에는 3차, 4차 다시 공초를 받고 또 대질시킨다.

공초 받는 일이 끝나면 실인(實因, 사망 원인)을 현록(懸錄, 장부에 기록함)하고 감합(勘合, 계인(契印)을 찍음)한다. 시장(屍帳, 검시대장)은 두루마리로 만드는 데, 이때 종이를 이어 붙인 곳에는 자호(字號)를 써 넣고 도장을 찍는다. 실인 을 장부에 기록하되, 치사(致死) 원인을 두 줄로 나누어 작성하여 증거에 대비 한다.

검시가 끝나면, 한편으로는 감영에 보고하고, 한편으로는 원래 정해진 겸 관(兼官, 복검관을 겸임한 수령)에게 복검을 청한다. 원래 복검관으로 지정된 수령이 사정이 있으면 이웃 고을에 요청하고, 이웃 고을 수령이 사정이 있으 면 비록 다른 도의 수령이지만 그 고을의 수령을 역임한 자에게 청한다.

"시친은 누구인가?"

목사는 검험하는 응행격식(應行格式, 마땅히 갖추어야 할 격식)에 따라 시친을 찾았다.

"소인입니다."

마을 사람들 사이에서 30대의 갓을 쓴 사내가 앞으로 나왔다.

"시신과 어떤 사이인가?"

"소인은 죽은 사람의 사촌동생으로 원영일이라고 합니다."

율관 노호령은 목사의 신문을 기록하기 시작했다. 그는 한때 형조에서 율학훈도(조선시대 형조의 율학청에서 율학교육을 담당한 관원으로 정9품 관직)를 할 정도로 율문에 밝았으나 죄를 지어 원주로 좌천되었다. 나이는 서른여덟 살이고 오척 단신이었다.

"시신은 무엇을 하던 사람인고?"

"이름은 원영사이고 충순위입니다."

충순위는 양반들 중에 군역을 하는 사람이다.

"무슨 생(生)인가?"

"병자(丙子)생입니다."

"여인네는 누구인가?"

"사촌형수로 원영사의 후처입니다."

"건넌방의 소녀들은 딸인가?"

"그렇습니다. 임인(壬寅)생과 을사(乙巳)생입니다."

임인생은 열네 살이고, 을사생은 열한 살이다.

"누가 이런 짓을 했는지 아는가?"

"모릅니다. 소인은 아침에 고공인(雇工人, 돈을 받고 일을 하는 하인) 안 소사가 달려와 고하는 바람에 알게 되었습니다."

"안 소사가 무어라고 했는가?"

"큰 나리 댁에 살변(殺變)이 일어났다고 했습니다. 허겁지겁 달려오자 형님 일가가 이렇게 되어 있었습니다."

노호령은 원영일을 조심스럽게 살폈다. 그의 얼굴에는 당황한 빛이 역력했고 슬퍼하는 기색은 보이지 않았다.

"안 소사를 부르라."

목사의 지시에 몸을 떨고 있던 안 소사가 앞으로 나왔다. 안 소사는 중년 여자로 몸이 약간 뚱뚱했다.

"너는 어디에 살고 성은 무엇인가?"

"소인은 흥양리에 살고 성은 안 가입니다."

"무슨 생인가?"

"병자생입니다."

병자생은 마흔 두 살로 죽은 원영사와 같은 해 출생이다.

"네가 이 집의 고공이냐?"

"그러하옵니다."

"무엇을 하는 고공이냐?"

"소인은 바느질도 하옵고 부엌일도 했습니다."

"어젯밤에도 일을 했느냐?"

"아닙니다. 소인은 초저녁에 일을 마치고 집으로 돌아갔습니다."

"이 집에 다른 노비는 없었느냐?"

"내거노비인 성칠이 부부가 있었습니다만 성묘를 간다고 어제 오후에 단성으로 갔습니다."

"그렇다면 집 안에 주인 일가만 있었는가?"

"예."

"누가 살인을 했는지 짐작 가는 바가 있는가?"

"소인은 모릅니다."

"사실대로 고하지 않으면 경을 칠 것이다."

"소인은 정말 모릅니다."

안 소사가 겁에 질려서 온몸을 부들부들 떨었다. 노호령은 안 소사가 무엇인가 알고 있을지도 모른다고 생각했다.

"삼겨린(三切隣)을 불러라."

목사가 지시를 내리자 나졸이 늙수그레한 사내를 데리고 왔다. 삼겨린은 이웃한 집 세 곳을 뜻하며, 살인사건이 발생하면 반드시 삼겨린을 조사했다.

"네 이름은 무엇이고 무슨 생이냐?"

"소인의 이름은 칠봉이고 병인(丙寅)생입니다."

병인생이면 반정이 일어나던 해로 나이는 쉰한 살이다. 몸이 말랐고 앞니가 모두 빠져 있었다.

"몇 식구와 살고 있느냐?"

"소인의 아낙은 죽었고 아들 내외와 손자 둘 하고 살고 있습니다."

"어젯밤에 무슨 소리를 듣지 못했느냐?"

"소인은 늙어서 귀가 어둡고 초저녁잠이 많습니다."

"가족들은 듣거나 본 것이 없느냐?"

"저희는 해가 떨어지면 잠을 자기 때문에 듣거나 본 것이 아무것도 없습니다.”

칠봉을 물러나게 하고 다른 삼겨린을 불렀다.

“네 이름과 무슨 생인지 말하라.”

“소인은 황우라 하옵고 기묘(己卯)생입니다. 마누라와 딸 넷과 함께 살고 있습니다.

황우라는 사내는 몸집이 황소처럼 컸다. 기묘생이니 서른여덟 살로 노호령과 나이가 같았다. 그도 보거나 들은 일이 없다고 말했다.

세 번째 삼겨린은 득보라는 사내였다. 그는 원영사의 외거노비인데 부인과 아들 둘과 함께 살고 있었다. 낮에 문안인사를 드리고 밤에는 같은 마을의 나무꾼인 복수의 집에서 가마니를 짜다가 갔다고 했다.

목사는 마을 향임에게도 신문을 했으나 특별한 내용은 없었다.

“도적들의 짓 같은가?”

목사가 형방에게 물었다.

“소인은 잘 모르겠습니다.”

원주목의 형방이 화들짝 놀란 표정으로 대답했다.

“형방으로 있으면서 살인사건을 많이 접하지 않았는가?”

“살인사건을 여러 번 보았어도 이렇게 끔찍한 사건은 처음 봅니다.”

“일단 삼겨린을 모두 확보하라.”

“예.”

살인사건이 일어나면 일단 삼겨린을 잡아다가 목격자 탐문이나 살인 동기를 신문한다. 살인사건 현장의 삼겨린은 그저 이웃이라는 이유만으로 곤욕을 치르는 일도 많았다.

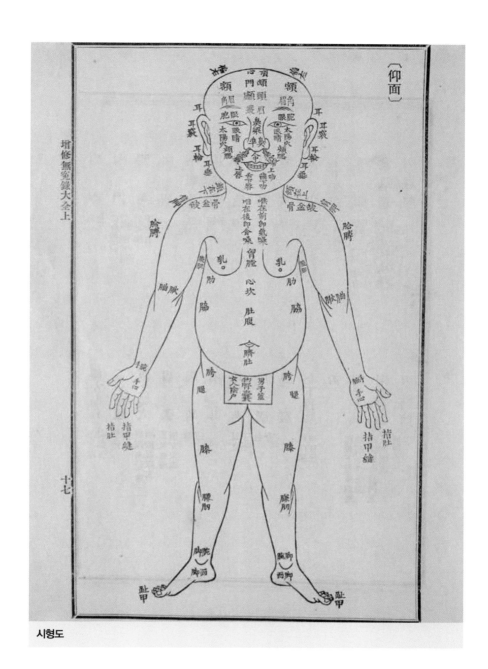

시형도

목사는 다시 원영사의 안방으로 들어갔다. 의관과 오작인이 시형도(屍型圖, 시체의 모습)를 그려 가면서 조심스럽게 검험을 하고 있었다.

"원영사는 어찌 죽었나?"

"머리에 둔기로 맞은 상처가 있고 왼쪽 가슴에는 칼에 잘린 듯한 상처가 있습니다."

의관이 시체에서 눈을 떼지 않고 대답했다. 의관은 30대 중반으로 원주목 토박이다.

"사지를 절단한 것은 무엇으로 보이는가?"

"도끼로 보입니다. 사지를 절단할 때 한 번으로 이루어지지 않았습니다."

의관의 말에 목사는 살인자가 도끼를 휘두르는 모습을 떠올리고 몸을 부르르 떨었다. 살인자는 원영사의 사지를 절단하기 위해 여러 차례 도끼를 휘둘렀다. 살인자가 무엇 때문에 원영사의 사지를 절단했는지 짐작도 할 수 없었다.

목사는 원영사의 시체에서 시선을 거두고 여자의 시체를 살폈다. 여자의 몸도 피투성이가 되어 있었고 얼굴은 20대로밖에 보이지 않았다. 여자가 쓰러져 있는 곳은 온통 피범벅이었다.

'여자가 젊은 것을 보니 후처인가 보구나.'

원영사는 40대 초반이었고 여자는 20대 후반이었다.

여자는 흉부와 복부에서 피가 낭자하게 흘러내렸다. 시체를 자세하게 살피자 손바닥에도 상처가 있었다.

"손도 칼에 찔렸군."

"저항흔입니다."

"저항흔?"

"살인자가 칼로 찌르려고 하자 엉겁결에 손으로 막다가 생긴 상처입니다."

목사는 살인자를 향해 처절한 비명을 지르는 여자의 모습을 떠올렸다. 살인자가 칼로 찌르려고 했을 때 여자는 얼마나 무서웠을까.

목사는 핏자국을 따라 대청으로 나와 건넌방으로 갔다 건넌방에는 두 소녀가 죽어 있었다. 10세 안팎의 두 소녀도 모두 여기저기 난자당해 죽어 있었다.

8~9세쯤 된 사내아이는 사랑에서 죽어 있었다.

노호령은 몇 숟가락 뜨고 저녁상을 물렸다. 원주목에서 일어난 일가족 몰사사건, 그 처참한 현장을 떠올리자 입맛이 썼다. 노호령은 율문(律文, 조선의 법조문)을 담당하는 원주목의 율관이다.

율관은 율과에 급제해야 일을 할 수 있는데 가장 중요한 일이 법조문의 해석과 관리들이 재판을 할 때 어떤 법을 어떻게 적용하는지 판단하는 것이었다. 사형인지, 유배인지, 무죄석방인지 실질적으로 재판하는 것은 율관이었다. 그러나 중인들이 하는 일이었기 때문에 서리(관아에 속하여 말단 행정 실무에 종사하던 구실아치)에 지나지 않았다. 승정원과 의정부를 비롯해 한성부와 포도청, 각 지방 감영과 고을에 배치되어 살인사건 현장의 검험, 범인 수사 등의 활약을 했으며 재판에도 직접적으로 관여했다.

목사는 일가족이 살해당하는 큰 사건이 일어났는데도 범인을 검거하는 데 그다지 신경 쓰지 않는 듯했다. 수령들은 성품에 따라 일하는 모습이 각양각

색이었다. 어떤 수령은 지나치게 서두르고 어떤 사람은 지나치게 느긋하다. 목사는 느긋한 편인데 감영이 원주에 있어서 강원도 관찰사 정준(鄭浚)을 만나러 가서 관아를 비우고 있었다.

'화적의 짓인가?'

황해도 일대에 임꺽정이라는 화적이 출몰하여 어수선했다. 화적들이 강원도까지 출몰하면 골치 아픈 일이 될 것이다. 초검은 원주목에서 실시했고 재검은 오후에 단성 현감이 했다. 삼검은 내일 아침 제천 현감이 할 예정이었다.

'제기랄. 술이나 마시고 일찍 자야겠군.'

노호령은 관아에서 나와 읍내로 느릿느릿 걸어갔다. 주막에서 술을 마시는 동안 바람이 음산하게 불기 시작했다.

"단계리에서 살인사건이 일어났다면서요?"

주모가 술을 따르면서 물었다.

"그렇소. 소문이 여기까지 났소?"

"말도 말아요. 일가족이 죽고 태아가 배 밖으로 나왔다고 원주 일대가 발칵 뒤집혔어요."

오종종한 얼굴의 주모가 진저리를 치는 시늉을 했다.

"단계리 일이 여기까지 알려졌구먼."

"그래 살인자는 잡았습니까?"

"아니오."

"살인자가 무엇으로 그렇게 사람을 죽였다고 합니까?"

노호령은 대답을 하지 않았다. 살인자가 흉기로 무엇을 사용했는지는 검거하기 전까지 비밀이었다. 그는 질문으로 말을 돌렸다.

"원영사라는 사람을 아시오?"

"잘은 몰라도 조금 이야기는 들었어요."

"어떤 이야기 말이오?"

"사람이 인색하고 노비들에게 사납대요."

"부인이 젊던데……."

"본처가 죽은 뒤에 노비를 첩으로 들였는데 후처를 들이면서 노비 첩을 쫓아냈대요."

"야박한 사람이군. 쫓겨난 노비는 어찌 지내고 있소?"

"새 남자를 만나 개가를 했지요. 잘 살고 있는 모양입니다. 그래서 송충이는 솔잎을 먹고 살아야 한다니까."

"단계리는 원씨가 많이 살고 있지 않소? 집성촌인 모양이오. 원영사와 사이가 좋지 않은 사람도 있소?"

"그런 것까지야 어찌 알겠습니까? 향임이 잘 알겠지요."

노호령이 술을 마시는 동안 바람소리가 더욱 커졌다. 노호령은 술을 한 되 마시고 관아 객사에 돌아왔다. 의관과 오작인은 집으로 돌아가 객사가 조용했다. 객사는 손님들을 위한 방이었으나 특별한 손님이 없을 때에는 원주목의 서리들이 사용하기도 했다.

'핏자국을 보면 범인은 양반이 아니라 중인 이하의 천민이다.'

노호령은 천장을 응시하면서 생각에 잠겼다. 살인자는 집 안을 마구 돌아다녔다. 피해자들이 흘린 피를 밟고 돌아다녔기 때문에 발자국이 선명하게 남아 있었고 그것으로 살인자는 한 명이 아님을 알 수 있었다. 게다가 발자국에는 지푸라기 몇 올도 나왔다. 살인자가 짚신을 신고 돌아다닌 것이다.

"살인자는 짚신을 신었다."

"살인자는 두 사람 이상이다."

노호령은 살인자에 대한 단서를 기록했다.

"살인자가 사람을 죽였을 때 피가 튀었을 것이니 옷에 묻었을 것이다. 벽에 피가 튄 것을 보면 살인자의 옷에도 피가 튀었을 것이다."

"살인 흉기가 발견되지 않았으니 살인자들이 갖고 있을 것이다."

노호령은 살인자에 대한 단서를 꼼꼼하게 기록해놓은 뒤에 잠자리에 들었다. 그러나 허공을 달려오는 바람소리에 좀처럼 잠이 오지 않았다.

바람은 이튿날 아침에도 심하게 불었다. 하늘은 잿빛으로 우중충하고 앙상하게 헐벗은 나뭇가지들이 지옥의 아귀처럼 비명을 질렀다.

노호령은 아침을 먹고 초검 시장(屍帳, 검시서)과 발사(跋辭, 조사보고서)를 목사에게 바쳤다.

"사환을 시켜 감영으로 보내게."

목사는 담담하게 시장과 발사를 살피고 영을 내렸다.

"다른 지시 사항은 없으십니까?"

"없네."

"소인은 물러가겠습니다."

노호령은 목사 앞에서 물러나 사환을 불러 시장과 발사를 감영으로 보냈다.

'삼검이 시작되었으려나?'

노호령은 단계리로 천천히 걸음을 떼어놓았다.

"나리."

그때 원주목의 오작인 두만이 달려왔다. 노호령은 걸음을 멈추고 두만이 가까이 올 때를 기다렸다.

"나리, 단계리에 가십니까?"

"자네는 어디를 가나?"

"소인도 단계리에 갑니다."

두만이 누런 이를 드러내놓고 웃었다.

"단계리에는 왜 가나?"

"오늘 삼검이 열리지 않습니까?"

"삼검을 보려고?"

"우리와 어떻게 다른지 구경이나 해야지요."

"삼겨린이나 마을 사람들에게서는 들은 이야기가 있는가?"

"별로 쓸 만한 것은 없습니다."

단계리는 단계천 일대에 20여 호가 마을을 이루고 있었다. 원영사의 집은 사촌 원영일의 집과 함께 유일하게 기와집이었고 나머지는 초가집이었다. 촌민 남정네들이 두어 사람 밭을 일구고 아낙네들과 처자들이 밭둑에서 냉이를 캐고 있는 것이 보였다.

복수는 원영사를 살해한 것을 후회하지는 않았다. 언젠가는 발각될 것이라고 막연하게 생각했다. 원주를 떠나 타지로 달아날 궁리도 해보았다. 충개가 낳은 아들은 이진사댁 외거노비로 있는 형 복남에게 양자로 보냈기 때문에 살인자의 자식이라고 손가락질을 당하지는 않을 것이다.

밖에는 비가 추적추적 내리고 있었다. 빗소리에 마음이 울적했다. 봄을 재촉하는 빗줄기에 가슴이 시린 적이 한두 번이 아니었다. 기나긴 겨울이 지나 따뜻한 봄이 오는 것은 누구나 환영하는 일이지만 가난하고 무력한 사람들에게는 봄이 오히려 서러웠다.

흔히 봄이 오는 계절을 춘궁기라고 했다. 그러잖아도 가난한 그들에게 원영사가 신공을 올려 곡식을 빼앗아갔기 때문에 겨울부터 굶주려야 했고 봄이 되면 굶주림이 더욱 심해졌다.

'귀신은 왜 저런 자를 잡아가지 않는 거지?'

충개는 원영사에게 분노했다. 때때로 하늘을 원망하기도 하고 자신을 노비로 낳은 부모를 원망하기도 했다. 그러나 하늘을 원망해도 소용이 없고 부모를 원망해도 소용이 없었다. 주인이 흉폭하고 사납자 원영사의 후처와 아이들도 충개를 짐승처럼 취급했다. 그녀의 이름 충개는 벌레라는 뜻이었다.

"구더기야. 구더기야."

원영사의 딸은 그녀를 부를 때 구더기라고 불렀다.

"아가씨, 소인의 이름은 충개입니다."

충개는 자신을 벌레 취급하는 원양사의 딸에게 화가 났다.

"이 바보야. 충개의 충자는 벌레 충자에 구더기 충자야. 그러니까 너는 사람이 아니라 벌레고 구더기야."

원영사 딸의 말을 듣고 충개는 눈에서 불이 일어나는 것 같았다. 그녀의 이름을 지은 것은 원영사의 아버지였다.

"우리 할아버지가 너를 구더기라고 지은 거야."

충개는 원영사의 일가가 사람이 아니라고 생각했다. 종들의 이름을 작은

년, 큰년이라고 짓는 것은 흔했으나 벌레라고 지은 것은 처음이었다.

"이대로는 안 돼요. 원영사를 죽여요."

"사람을 죽일 수는 없소. 사람을 죽이게 되면 우리도 죽임을 당하게 되오."

"가만히 있어도 원영사 때문에 우리는 멀지 않아 죽게 될 거예요. 이렇게 살 수는 없잖아요?"

"원영사를 죽일 방법이 있소?"

"계획을 세워요."

복수는 충개의 계획에 따라 원영사의 외거노비로 들어갔다. 원영사는 공짜로 외거노비가 생겼다면서 좋아했다. 복수는 원영사가 시키는 일은 무엇이든지 다하여 신임을 얻었다. 후처와 자식들이 멸시를 해도 억지로 미소를 지었다. 원영사는 그들의 음모를 추호도 모르고 있었다.

충개는 안 소사에게 원영사의 고공으로 들어가 달라고 부탁했다. 안 소사는 내거노비가 성묘 때문에 집을 비우는 날을 알려주었고 밤이 되자 대문까지 열어놓고 달아났다. 일이 잘되려고 그랬는지 원영사는 그날 밤 술까지 마시고 잠들었다고 했다.

'드디어 기회가 왔다.'

충개는 긴장으로 전신이 팽팽해지는 것을 느꼈다. 칼과 도끼를 숫돌에 갈고 살육을 할 준비를 했다.

"우리의 원한을 갚을 때가 왔어요."

충개가 비장하게 복수에게 속삭였다.

"갑시다."

충개는 복수와 함께 칼과 도끼를 들고 원영사의 집으로 달려갔다. 원영사는 술에 취해 깊이 잠들어 있었다.

"이놈아, 일어나라."

충개가 원영사를 발로 찼다.

"네 이년! 종년이 어찌 감히……."

원영사가 벌떡 일어났으나 복수가 도끼로 내리쳤다. 원영사가 처절한 비명을 지르며 충개의 앞으로 꼬꾸라졌다. 원영사의 머리에서 피가 폭포처럼 쏟아졌다.

"사람 살려!"

원영사의 후처가 벌떡 일어나서 소리를 질렀다. 충개는 재빨리 후처의 목을 찔렀다. 후처가 비명을 지르면서 나뒹굴었다.

원주목 율관 노호령이 살인자 충개와 복수의 집에 갔을 때 그들은 옹색한 방에 앉아서 조용히 술잔을 기울이고 있었다. 노호령은 뭔가 이상하다고 생각했다. 나졸들이 들이닥치면 살인자들은 대부분 공포에 질려 사색이 되거나 도망치려고 하는데, 그들은 마치 자신을 잡으러 온 사람들을 지나는 나그네 보듯 했기 때문이다.

"집 안을 샅샅이 뒤져라."

노호령이 영을 내리자 나졸들이 일제히 뛰어들어가 방을 뒤졌다.

"방에서 피 묻은 옷이 나왔습니다."

나졸 하나가 보따리를 들고 나와 노호령에게 보고했다.

"숨겨져 있었나?"

"아닙니다. 방 한가운데 얌전하게 놓여 있었습니다."

"숨기려는 것이 아니었군. 흉기도 찾아라."

"흉기도 함께 있었습니다."

다른 나졸이 칼 두 자루와 도끼를 들고 나왔다.

"죄인은 오라를 받으라."

노호령은 충개와 복수를 쏘아보면서 소리를 질렀다. 충개와 복수가 천천히 방에서 나왔다. 나졸들이 일제히 달려들어 그들을 붉은 오랏줄로 묶었다.

'이 사람들은 이상하다. 잔인한 살인자인데 오히려 선한 사람처럼 느껴지는 것은 왜일까?'

노호령은 일단 충개와 복수를 원주목으로 압송하여 구류간에 가둔 뒤에 목사에게 보고했다.

"살인자를 빨리 검거해서 다행이네. 어찌 그자들이 살인자임을 알았나?"

목사가 느린 목소리로 물었다.

"원영사는 평판이 나쁜 인물이었습니다. 그런데도 안 소사가 돈도 받지 않고 고공으로 일하는 것이 수상했습니다."

"그래서 안 소사를 다그친 건가?"

"범행현장에서 흉기가 발견되지 않았습니다. 그래서 단계리의 모든 집을 수색했는데 역시 나오지 않았습니다."

"그럼 그 뒤에 안 소사를 다그친 것이군."

"예. 안 소사는 곤장 20대를 맞고 충개의 사주를 받고 대문을 열어놓았다고 자복했습니다."

"안 소사가 살인도 함께했나?"

"살인은 하지 않았다고 합니다."

"그럼 속히 죄인들을 끌어내어 신문하세."

충개와 복수의 신문은 목사의 지시에 따라 철저하게 이루어졌다. 충개와 복수는 목사가 질문하지 않은 것까지 낱낱이 자백했다. 원영사로부터 온갖 모욕을 당한 일, 그를 죽이기 위해 음모를 꾸미고 살인을 실행한 일을 마치 책을 읽듯이 술술 말했다.

충개와 복수는 원영사 일가족 다섯 명을 살해했다. 감영을 통해 이 사실이 보고되자 조정은 발칵 뒤집혔다. 그러나 원주의 상황은 달랐다. 원주목에서 원주 감영 구류간으로 옮겨진 뒤에도 많은 사람이 부부를 찾아왔고 옥졸들도 찾아오는 이들을 막지 않았다. 충개와 복수 모두 천민이고 흉악한 살인자였으나 모두 공손하게 대했다. 오히려 곤란을 겪은 것은 원주에 집성촌이 있는 원씨 일문이었다. 그들은 원주 사람들이 원영사를 비난하자 사건이 어서 빨리 종결되기를 바랐다.

"한 집안에서의 노비와 주인의 분수는 강상(綱常, 윤리)에 관계되는 것이어서 노비가 그 주인을 죽인 경우는 극형에 처하도록 율문에 명시되어 있습니다. 원주에 사는 충순위 원영사는 자기의 여종 충개를 첩으로 삼아 여러 해 동안 동거하였는데, 후처를 얻게 되자 충개가 사노비 복수에게 개가하였습니다. 이에 원영사는 타인의 처가 된 것을 증오하여 신공(身貢)을 과다하게 징수

원주 감영 포정루

하였는데, 복수가 이에 앙심을 품고 거짓으로 주인집에서 일하겠다고 청하여 은밀히 살해할 계획을 세웠습니다.

금년 2월 초에 복수가 충개로 하여금 고역(雇役)하는 여인을 영사의 집으로 들여보내어 내응하게 하고 나서, 원영사가 취한 틈을 타 돌입하여 영사와 그의 처자 등 5인을 살해하였는데, 그것이 매우 참혹하여 심지어 사지를 자르기까지 하였습니다. 피살된 영사의 처는 그때 잉태한 아이가 밖으로 드러났으니, 이는 전고에 없던 큰 변고입니다.

만일 도망이라도 하였을 경우에는 큰 강상죄인(綱常罪人)을 처형하지 못할 뻔하였으니 매우 통분한 일입니다. 원주의 관리는 추고(推考)하여 엄히 다스리고, 도(道)의 도사(都事)에게 엄명하게 추국하게 하며 공범자도 아울러 심문하여 죽은 자들의 한을 풀어주게 하소서."

사간원에서 아뢰었다. 충개와 복수의 재판은 빠르게 이루어졌다. 그들은 모두 《대명률》 모살조 조부모부모(罵祖父母父母) '자식으로 부모나 조부모를 시해하면 능지처사에 처한다. 노비로서 주인을 시해한 경우도 자식이 부모를 시해한 것으로 본다'라는 조항에 따라 능지처사형이 선고되었다. 충개와 복수는 삼복에서 1등이 감해져 참수형이 선고되었다.

원영사 일가족 살인사건은 노비들의 복수였다. 여종 충개의 이름을 벌레라고 지은 데서 알 수 있듯이 그들은 원영사 일가에게 벌레와 같은 취급을 받았다. 충개와 복수는 살인을 저지른 죄인인데도 오히려 구류간에서 대우를 받았다. 많은 노비가 그들을 찾아와 위로했고 형졸도 막지 않았다. 살인을 당한 사람들 입장에서는 억울하고 분한 일이었으나 노비들로서는 복수를 했다고 볼 수 있었다. 그리고 원주에 사는 많은 노비가 그들의 살인에 공감했다.

종은 주인을 고발할 수 없고 주인을 살해하면 강상의 죄로 처벌받는다. 충개와 복수는 강상의 죄를 지었기 때문에 참수형이 선고되었다. 참수형은 망나니가 목을 잘라 죽이는 것이다. 망나니는 죄수를 죽일 때 단칼에 목을 베지 않는다. 목을 절반쯤 자르고 사형집행관에게 돈을 더 달라고 요구한다. 목숨이 완전히 끊어지지 않은 죄수는 피를 계속 흘리고 사람들은 그 모습을 보고 비명을 지른다. 병인양요 때 조선에서 순교한 다블뤼주교의 순교 현장을 목격한 프랑스 신부의 서한에 참수형 모습이 적나라하게 기록되어 있다.

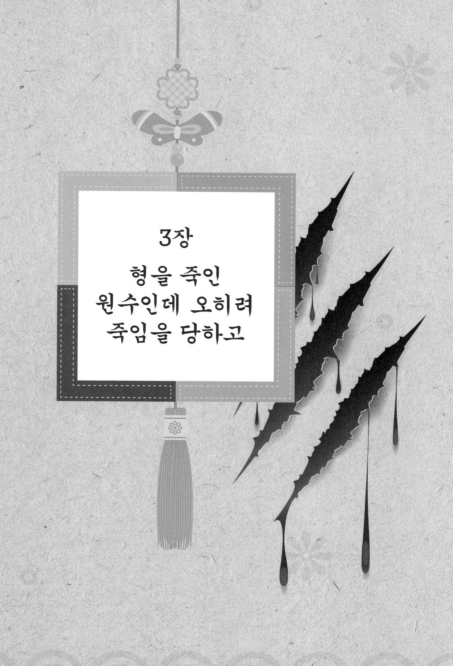

3장
형을 죽인
원수인데 오히려
죽임을 당하고

금천 한명룡의 옥사

조선의 신분제도는 왕실, 사대부, 양민, 상민, 천민으로 이루어져 있었다. 이 중에서 가장 고귀한 신분이 왕실인데, 범죄를 저질러도 임금의 허락을 받아야 체포하거나 조사를 할 수 있었다. 이런 신분을 팔의(八議)라고 하며, 사대부는 벼슬을 하고 있는 정3품 당상관 이상의 문신이 이에 해당되었다. 벼슬을 한 일이 없거나 품계가 없는 사람들은 양반이라고 해도 팔의에 해당되지 않았다. 이들은 양민이라고 하여 약간의 우대를 하기는 했으나 향촌사회의 지도층일 뿐 범죄를 저지르면 율문(律文, 조선의 법조문)에 따라 처벌받았다.

사대부나 양민에 이어 조선시대를 이끌던 사람들이 상민(常民)이었다. 상민은 보통사람들로 중인 이하의 일반 백성들이었다. 대부분 농사를 짓고 군역, 부역을 담당하고 세금을 냈다. 그들은 농사일을 우선하느라 글을 배우지 않았는데, 무식한 이를 상놈이라 부르는 것은 이러한 데에서 유래되었다. 상민의 아래가 천민인데 노비, 백정, 승려, 기생, 광대 등이 이에 속했다. 살인사건이 발생하면 상민과 천민은 가장 불리한 상황에서 재판을 받았다.

1781년(정조 5년) 4월 21일, 정조는 창덕궁의 성정각에서 대신들과 정사를 보았다. 정조는 조선의 역대 임금 누구보다도 학문이 출중하여 매일같이 《일성록(日省錄)》을 작성하는가 하면 관리들의 지방행정까지 일일이 살폈다. 《일성록》은 '나는 날마다 세 가지 기준을 가지고 반성한다'라는 증자의 말에서 따와 정조가 명명한 제목이었다. 정조는 또한 어진 사람과 함께한다는 뜻으로 세손 시절 《존현각일기(尊賢閣日記)》를 쓰기도 했다.

"승정원에 계류 중인 공사가 있는가?"

정조가 승지들을 향해 물었다.

"경기 감사 이진형(李鎭衡)이 올린 장계가 있습니다."

형조를 담당한 우부승지가 조심스럽게 아뢰었다. 정조는 포도대장 장태소를 뇌물을 받았다는 이유로 곤장을 때려 죽게 한 인물이다.

"들이라."

정조가 명을 내리자 승정원에 보관되어 있던 경기 감사의 장계가 왔다.

"금천현(衿川縣, 시흥)의 읍리(邑吏) 한문욱(韓文郁)이 어떤 일로 현감 신기(申耆)에게 곤장을 맞다가 죽었습니다. 이에 그의 동생 한명룡(韓命龍)이 조카 한종운(韓宗雲)과 그 일족을 거느리고 관아에 쳐들어가 현감을 칼로 찔러 죽

일성록 　국립중앙박물관 소장

이려고 하였습니다. 전례가 없는 죄라 시급히 장계를 올립니다."

경기 감사 이진형의 장계를 본 정조의 눈빛이 싸늘하게 변했다. 기록에 읍리라고 되어 있으니 한문욱은 서리나 아전에 지나지 않을 것이다. 하찮은 아전이 현감에게 곤장을 맞고 죽었다고 하여 그 동생과 자식들이 관청을 습격하고 현감을 죽이려고 한 사건이었다.

조선의 법은 자식이 부모를 고발하지 못하고, 부인이 남편을 고발하지 못하며, 종이 주인을 고발하지 못한다. 고을의 아전은 고을 수령을 고발하지 못한다. 아랫사람이 윗사람에게 저항하는 것을 엄격하게 금지하고 있었다. 고을의 수령은 임금을 대신하여 고을을 다스리니 정조는 이 사건을 임금에 대한 도전이라고 본 것이다.

"금천 현감 신기는 무슨 일로 한문욱을 장살하였는가?"

정조가 눈살을 찌푸리고 우부승지에게 물었다.

"한문욱이 괘서(掛書, 이름을 밝히지 않고 글을 내어 걺. 또는 그런 글. 국가에 반역을 도모하거나 남을 모함하기 위하여 궁문(宮門), 성문(城門), 관청(官廳)의 문 따위에 써 붙였음) 사건에 연루되었다는 투서를 받았다고 합니다."

괘서 사건은 영조시대 이후 빈번하게 일어났다. 괘서 사건은 일명 벽서 사건으로 불리기도 하는데 초기 괘서는 정치적 내용들이 주류를 이루었다. 양재역(良才驛) 괘서 사건은 문정왕후를 비난하는 내용이어서 수많은 사람이 처형을 당하거나 유배를 갔고, 나주 괘서 사건은 소론이 노론을 비난하는 내용이어서 큰 파문을 일으켰다. 이후에도 괘서 사건이 빈번하게 일어났는데 가렴주구를 일삼는 수령을 비난하는 내용이 많았다.

"문무에 재주가 있으나 권세가 없어 출세하지 못하는 자들은 따르라."

괘서는 반란을 도모하는 것이나 다를 바 없었다.

"한문욱이 연루되었는가?"

"한문욱이 장살되었기 때문에 알 수가 없습니다."

"이 경기 감사의 장계를 읽어보니 금천현의 일은 전에 없었던 변괴일 뿐만 아니라 조정의 커다란 수치다. 이는 백성들이 윗사람이 있다는 것을 모르기 때문이다. 조선은 본래부터 명분을 소중히 여겨 왔는데, 지금에 이르러 풍속이 더욱 퇴폐되었다. 한양에서 가까운 곳에서 이속(吏屬)이 된 자가 그 관장을 모살하기 위해 무리를 모아 칼을 들고 대낮에 난동을 부렸으니, 이런 것을 혹시라도 가볍게 다스린다면, 앞으로 닥쳐올 걱정이 어찌 끝이 있겠는가? 투서 내용의 진실이나 거짓, 형률의 적용이 합당했는지 아닌지에 대해서는 논할 겨를이 없다."

정조는 전에 없이 싸늘한 목소리로 내뱉었다. 대신들은 납작 엎드려 바짝 긴장했다.

"수모자(首謀者)가 누구이고, 조모자(造謀者)가 누구이며, 공모자(共謀者)가 누구인지, 흉악한 짓을 저지른 절차와 마음먹은 곡절에 대해 철저히 조사하여야 할 것이다. 병조정랑 이기(李夔)를 본 고을의 안핵어사(按覈御使, 지방에 어떤 사건이 발생하였을 때, 그것을 조사하기 위하여 파견하는 어사)에 임명하여 실정을 조사하게 하라."

정조가 엄명을 내렸다.

"명을 받들겠습니다."

대신들이 일제히 아뢰었다.

"금천 현감 신기는 어떠한 자인가?"

"영원 군수와 진보 현감을 지낸 자입니다."

"수령으로서 근무는 어떠한가?"

"생소하던 일에 점점 익숙해지고 있으며 낡은 제도를 혁신하는 데에 더욱 힘쓰고 있습니다."

현감으로서 능력이 뛰어난 인물이 아니라는 뜻이다.

"언제 금천 현감이 되었는가?"

"지난 해 12월에 금천 현감이 되었습니다."

승지들이 다투어 아뢰었다.

"안핵어사에게 상세하게 조사하고 보고하게 하라."

정조는 싸늘하게 내뱉고 승지들을 물러가게 했다.

1781년 4월이었다. 한명룡은 한문욱의 시신에 베옷을 입히면서 피눈물을 흘렸다. 아아, 어찌 이럴 수가 있는가. 형님이 무슨 죄를 지었다고 현감이 때려죽이는가. 피투성이 한문욱의 시신은 이미 싸늘하게 굳어 있었다. 매를 맞았을 때 얼마나 고통스러웠는지 눈에는 눈물자국이 말라붙어 있었다.

"형님……."

한명룡은 목이 메었다. 한문욱의 부인은 넋이 나가 있었고 아들인 한종운도 울다가 지쳐서 목소리가 쉬어 있었다.

한문욱이 죽은 것은 금천 현아의 벽에 괘서가 붙으면서 비롯되었지만 실제 죽음의 그림자는 새 현감이 부임하면서 드리워졌다.

"현감이 새로 온다는데 어떤 사람인지 모르겠네."

작년 12월 한문욱이 한명룡의 집에 와서 근심이 가득한 목소리로 말했다.

"별일이야 있겠습니까? 형님이야 읍의 아전이니 현감이 시키는 일만 하면 그만 아닙니까?"

한명룡은 형인 한문욱이 조금 이상하다고 생각했다.

"현감들 중에 고약한 자가 있어서 그러네."

"도성이 지척인데 어느 현감이 감히 탐욕을 부리겠습니까? 너무 걱정하지 마십시오."

한명룡은 형 한문욱을 위로하고 술을 대접했다.

한문욱은 현의 아전이기는 했으나 법 없이도 사는 사람이라는 말을 들을 정도로 순했다. 몸은 부지런했고 말은 착했다.

"이방 나리, 어디 가십니까?"

들에서 일하는 농부들이 부지런히 논둑길을 걸어가는 한문욱을 불러 물었다.

"환곡 때문에 건넛마을에 가네."

"점심때도 되었는데 들밥 좀 들고 가시지요."

"나 먹을 것이 어디 있나? 자네들 먹을 것도 없을 텐데⋯⋯."

"십시일반(十匙一飯)이라고 하지 않습니까? 한 숟가락씩 나누어 먹으면 되지요."

"나도 집에 가면 밥이 있네. 자네들이나 들게. 든든히 먹고 일 많이 해야지."

한문욱은 들에서 일하는 사람들이 밥을 먹고 가라고 권하면 손을 휘휘 내젓고 사양했다. 그는 가난한 농민들에게 피해가 가지 않도록 하면서도 현감이 재물을 거두어들이는 일은 따르지 않았다.

"에이, 이방이라는 자가 저렇게 순해 터져서야⋯⋯."

금천현에 부임하는 현감들은 혀를 차고는 했다. 한문욱이 백성들에게 재물을 거두어들이지 않아 역정이 난 것이다.

"흉년이 들어 환곡을 못 갚는다고?"

"예. 송구합니다만 저희 먹을 양식도 없는지라⋯⋯."

"노모를 모시고 계시면서 양식이 떨어지면 어떻게 하나?"

한문욱은 환곡을 받으러 갔다가 오히려 양식을 보태주고 돌아오고는 했다.

"에이그, 저 인간을 때려죽이든가 해야지."

현감들 중에는 한문욱에게 이를 가는 자도 있었다.

"형님, 그러다가 악독한 현감 만나면 큰일 납니다. 곤장을 맞아 죽을 수도 있습니다."

한명룡은 한문욱에게 현감들의 말을 잘 들으라고 설득했다.

"나 살자고 백성을 죽일 수는 없다."

그때마다 한문욱은 눈을 부릅뜨고 말하고는 했다.

한문욱은 아전인데도 가난하게 살았다. 대부분의 아전이 뇌물을 받아 부유하게 살았으나 한문욱은 금천 현아에서 멀리 떨어진 남산 기슭에서 쓰러져 가는 움막에 살았다. 서까래는 주저앉고 벽은 허물어져 사람이 간신히 드나들 정도였다. 그래도 부지런히 산비탈을 일구어 보리와 콩을 심고 채소를 가꾸어 먹었다. 금천현의 농민들은 그러한 한문욱을 이웃집 아저씨처럼 좋아했다. 그러한 한문욱도 신임 현감으로 어떠한 이가 부임해올지 걱정이 되었는지 한명룡을 찾아와 한숨을 내쉰 것이다.

현감 신기는 12월 15일 부임했다. 현감의 부임에는 일정한 절차가 있다. 현의 육방 관속, 나졸, 관기 등은 현의 지경(地境, 경계)까지 새 현감의 마중을 나가야 했다. 현감은 지경에서 마중 나온 현의 관리들을 만나 점고(點考, 명부에 일일이 점을 찍어 가며 사람의 수를 조사함)와 사열(査閱, 조사하거나 검열하기 위하여 하나씩 쭉 살펴봄)을 한다. 그날따라 날씨는 살을 칼로 에는 것처럼 추운데, 현감은 해질녘이 되어서야 지경에 모습을 드러냈다. 그것도 첩의 가마까지 대동하고서 말이다.

"날씨가 추우니 어서 가자."

현감은 점고도 받지 않고 현아로 가자고 재촉했다. 하루 종일 그를 기다리던 아전, 관기, 나졸 등은 당황했다. 그러나 부랴부랴 현감을 모시고 현아로 돌아올 수밖에 없었다.

"현감이 오는데 방에 불도 제대로 지피지 않았느냐?"

현감의 첩이 관비들을 사납게 매질했다. 현감이 곤장을 때렸으면 수긍을 할 테지만 첩이 매를 때리자 관비들이 뒤에서 수군거렸다. 현감은 첩의 그러한 모습을 보고도 알은 체를 하지 않았다. 그러나 그것으로 끝난 것이 아니었다.

"본관이 부임했으니 고을 유지들과 연회를 해야겠다."

현감이 영을 내렸다. 현감의 영이 떨어지면 아전이 돈을 거두어들여 잔치를 벌여야 했다. 한문욱은 어쩔 수없이 술자리를 마련하고 고을 유지들을 초대했다. 고을 유지들이 돈이나 재물을 가지고 와서 바칠 줄 알았는데 빈손으로 와서 술만 마시고 가니 화가 난 현감이 말했다.

"이런 고얀 것들이 있나. 이는 아전이 관장을 우습게 보기 때문이다."

현감이 한문욱에게 역정을 냈다. 현감의 첩도 한문욱을 볼 때마다 눈을 흘겼다.

'현감이 이욕에 눈이 어두워.'

한문욱은 현감이 조만간 일을 저지를 것이라고 생각했다. 한문욱의 예측대로 며칠 지나지 않아 현감이 갑자기 환곡을 재촉하기 시작했다. 환곡은 봄에 빌려주고 가을에 받는 것이다. 나라에서 정한 최고 이자는 2할이었다. 환곡을 방출할 시기인 4월에 거두어들이라 하니, 금천현이 발칵 뒤집혔다.

"사또, 환곡은 가을에 거두어야 합니다."

한문욱이 환곡을 거두라는 명을 반대했다.

"장부를 조사하니 작년에 갚지 않은 것도 있고 재작년에 갚지 않은 것도 있다."

"그것은 흉년이 들어 연기해준 것입니다."

"닥쳐라. 아전이 감히 환곡을 가지고 농간을 부리느냐?"

현감은 밀린 환곡을 강제로 거두어들이고 이자도 두세 배씩 내게 했다.

"가을에 추수를 해야 하는데 무슨 돈이 있어서 환곡을 갚으라고 하는 것입니까?"

농민들이 격렬하게 항의했다.

"관의 영을 따르지 않는 놈들은 모두 잡아들이라."

현감은 농민들을 옥에 가두었다. 농민들은 울며 겨자 먹기로 높은 이자의 돈을 빌려 곡식을 사다가 환곡을 갚았다. 그러자 이번에는 논에 물을 대는 저수지의 물 값을 내라고 다그치기 시작했다.

"저수지는 우리가 노역을 해서 만들었는데 무슨 수세(水稅)를 내라는 거야?"

농민들은 불만을 터뜨렸다.

"현감이 농민들을 모두 죽일 모양이다."

한문욱은 근심이 떠나지 않았다. 현감의 폭정이 계속되자 금천의 민심이 흉흉해졌다.

"현감이 백성들을 수탈하니 우리는 무엇을 먹고 산다는 말이냐? 모두가 굶주려 죽을 날만 기다리니 비통하지 않은가? 이래도 죽고 저래도 죽을 바에야 현감을 살려둘 수가 없다. 모두 일어나 현감을 죽이라."

마침내 현아 벽에 괘서가 붙었다.

"어느 놈이 이와 같은 짓을 했는지 당장 잡아들이라."

현감이 대노하여 호통을 쳤다. 그러나 괘서를 누가 붙였는지 도무지 알 수가 없었다. 그런데 나졸 중 누군가가 괘서를 붙인 것이 한문욱의 짓이라고 고해 바쳤다. 현감은 한문욱을 잡아다가 곤장을 때리면서 신문했다.

김윤보의 〈형정도첩〉

"사또, 소인은 괘서를 붙이지 않았습니다. 소인은 억울합니다."

한문욱은 현감에게 호소했다.

"네 이놈! 네놈이 본관을 비방하고도 발뺌을 하느냐? 저놈에게 형장을 더욱 사납게 쳐라."

현감은 한문욱을 가혹하게 신문했다. 한문욱은 곤장을 맞아 피투성이가 되었다.

"작은아버님, 이 일을 어떻게 합니까?"

한문욱의 아들 한종운이 비통한 표정으로 한명룡에게 달려왔다.

"아무래도 현감이 뇌물을 바라는 모양이다."

한명룡이 무겁게 한숨을 내쉬었다.

"그럼 빨리 돈을 변통하겠습니다."

한종운은 일가친척들을 찾아다니면서 돈을 빌리기 시작했다. 그러나 시골에서 목돈을 구하는 일이 쉽지 않았다. 그가 며칠 동안 돈을 구하러 다니고 있을 때 한문욱은 다시 신문을 받고 혹독하게 곤장을 맞았다.

'아버님께서 연로하여 형장을 견디기 어려우실 텐데……'

한종운은 밤이 되자 현의 구류간을 찾아갔다. 한문욱은 일어나지도 못하고 끙끙 앓고 있었다.

"아버님, 조금만 참으세요."

한종운은 고통스러워하는 아버지를 보자 가슴이 찢어지는 것 같았다.

"내 걱정은 하지 마라."

한문욱이 기어들어가는 목소리로 대답했다. 아들에게 고통스러운 모습을 보이지 않으려고 이를 악물며 신음을 참았다.

"며칠만 참으시면 돈을 마련할 겁니다. 아버님, 죄송합니다."

"아니다. 너희들이 무엇을 잘못해? 나는 괜찮으니 집에 가거라. 현감이 알면 더욱 노여워할 게다."

한문욱은 손을 내저으면서 돌아가라고 말했다.

한종운은 차마 떨어지지 않는 걸음을 돌려 집으로 돌아왔다. 집은 초상집이 되어 있었다. 일가친척들이 모두 몰려와 한숨을 내쉬면서 걱정했다. 한명룡과 한종운은 이튿날도 돈을 구하러 다녔다.

'아아, 어찌 이럴 수가 있다는 말인가?'

한명룡과 한종운이 하루 종일 돈을 구하러 갔다가 돌아오자 현아에서 한문욱이 죽었다는 기별이 와 있었다. 한종운은 벼락을 맞은 듯한 기분이었다. 울면서 현아로 달려가자 현아 밖에 가마니를 덮어두고 내놓은 시체가 있었다.

"아버님!"

한종운은 무릎을 꿇고 앉아 통곡했다.

"형님!"

한명룡도 피를 토하듯이 울음을 터뜨렸다. 소식을 듣고 가족들이 모두 몰려와 우니 그곳은 순식간에 울음바다가 되었다. 현아의 문은 굳게 닫혀 있었다.

가슴이 타는 것 같았다. 한문욱의 온몸에 피멍이 들어 있는 것을 보고 한명룡은 울었다. 가족들 모두 그의 몸에 물들어 있는 피멍을 보고 울었다. 나졸들이 얼마나 심하게 형장을 때렸는지 살점이 너덜너덜 떨어져 나간 곳도 있었다.

'악독한 놈들.'

관을 준비하고 염을 하면서 한명룡은 이를 갈았다. 그는 현감에 대하여 욕도 하지 않고 원망도 하지 않았다. 평소처럼 일했고 대신 혼자가 되어서는 술을 청하여 마셨다. 현아에서 죄인들을 신문하면서 형장을 때려죽이는 일은 흔하지 않았다. 한문욱의 곤장을 때린 나졸들도 모두 모르는 사람들이 아니었다. 그러나 현감의 눈치를 보느라고 사정없이 형장을 때렸을 것이었다. 현감이 무서운 마을 사람들은 문상도 오지 않았다. 한종운은 일가친척들과 무엇인가 긴밀하게 이야기하고 있었다. 삼우제까지 모두 끝난 닷새가 지났을 때였다.

"현감을 용서할 수가 없습니다."

"죄 없는 사람을 죽였으니 반드시 목숨으로 갚게 해야 합니다."

한종운과 일가의 장정들이 모여서 의논했다.

"현감은 무엇을 하고 있는가?"

한명룡은 일가의 장정들 눈빛이 흉흉한 것을 보고 물었다.

"기생들과 술을 마시고 있습니다."

"사람을 죽여 놓고 술을 마신다는 말인가?"

"금수만도 못한 자입니다. 현아로 쳐들어가서 죽여야 합니다."

장정들이 흥분하여 언성을 높였다.

"현감을 죽이는 일은 잘 생각해야 한다."

"아버님이 지하에서 눈을 감지 못할 것입니다."

한문욱의 아들 한종운도 분개하여 주먹을 움켜쥐었다.

"너희들 뜻이 정 그렇다면 자세하게 의논해야 한다. 이 일은 내가 주모자가 될 것이고, 너희들은 내 뜻에 따라 행동해야 할 것이다."

"삼촌께서는 연로하시니 나서시면 안 됩니다."

"나는 살만치 살았다. 혹여 나에게 무슨 일이 생기면 형님 옆에 묻어다오. 우리 형제 외롭지 않게 말이다."

한명룡은 유언 같은 말을 남기고 계획을 짰다. 그날 밤 한명룡을 선두로 한씨 일가의 장정들이 칼과 몽둥이를 들고 금천 현아로 쳐들어갔다.

현아에는 현감과 몇몇 관노밖에 없었다. 한명룡 일행이 칼과 몽둥이를 들고 뛰어들어오자 그들은 혼비백산하여 달아났다. 한명룡 일행이 현감의 방으로 쳐들어가서 발로 짓밟고 칼로 위협했다.

"이놈! 우리 형님이 무엇을 했다고 장살을 하느냐?"

한명룡은 눈을 부릅뜨고 호통을 쳤다.

"사, 살려주시게. 내가 자네 형님을 죽인 것이 아니네."

현감은 사색이 되어 부들부들 떨면서 빌었다.

"이놈아. 살점이 떨어져 나가도록 매를 때리고도 살려달라는 말이 나오느냐?"

한명룡은 현감에게 발길로 내질렀다. 현감이 비명을 지르면서 나뒹굴었다. 한명룡이 그를 죽이려고 칼을 높이 치켜들었다. 현감은 두 손을 모아 싹싹 빌다가 갑자기 문 앞에 서 있던 한종운을 밀쳐버리고 냅다 달아나기 시작했다. 한명룡과 한종운 등은 신발도 신지 못하고 정신없이 달아나는 현감을 우두망찰하여 보고 있었다. 그가 그렇게 빨리 달아날 것이라고는 생각조차 하지 못했던 것이다. 현감 신기는 그 길로 한양까지 달아나 숨어버렸다.

금천 현아가 발칵 뒤집힌 일은 경기 감영에 보고되었다. 경기 감영에서는 즉시 군사를 보내 한명룡과 한씨 일가를 체포했다. 현감은 이튿날 날이 밝아도 돌아오지 않았다.

卍

　안핵어사 이기가 금천 현아에 도착했을 때 현아 주위로 경기 감영 나졸들이 삼엄한 경비를 서고 있었다. 현감은 아직도 현아에 나오지 않고 있었다. 이기는 형방과 경기 감영 종사관으로부터 현아를 습격한 범인들에 대한 보고를 받았다.

　고을 수령과 아전은 대개 사이가 나쁜 편이 아니다. 수령은 기껏해야 2년이면 임기가 끝나 이동하지만 아전은 평생 그곳에서 일한다. 아전은 수령을 적당하게 받들고 수령은 아전에게 업무를 맡겨 평탄하게 임기를 마친다. 아전은 수령이 탐욕하면 돈과 재물을 거두어 바치고 수령이 청렴하면 그에 따라 일을 한다. 수령도 아전도 굳이 대립할 일이 없는 것이다. 오히려 수령이 아전에게 농락당하는 일이 많았다.

　'현감이 잘했느냐 못했느냐의 문제가 아니다.'

　정조는 아전인 읍리의 무리가 현아를 습격한 문제에 초점을 맞추고 있었다.

　'전하께서는 이 사건을 반란으로 보고 계신 것이다.'

　이기는 이미 마음속으로 결심을 하고 있었다.

　이튿날 아침부터 신문이 시작되었다.

　"네 어찌 현아를 습격했느냐?"

이기는 한명룡부터 신문했다.

"현감이 우리 형님을 죄 없이 때려죽였습니다."

한명룡은 체념을 한 듯이 조용히 대답했다.

"현아를 습격한 것은 반란죄다. 누가 주모를 했느냐?"

"소인이 주모자입니다."

"늙은 네가 주모했을 리가 없다. 사실대로 고하라."

"저들은 죄가 없습니다. 집안의 어른이라 내 지시를 따른 것입니다."

"닥쳐라. 죄인이 사실대로 고하지 않으니 형장을 쳐라."

이기는 한명룡에게 가혹하게 형장을 때리기 했다. 나졸들이 사납게 한명룡에게 곤장을 때렸다. 한명룡은 매를 맞으면서도 한결같이 자신이 주모자라고 주장했다.

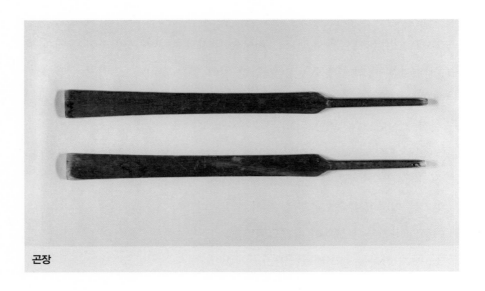

곤장

"한종운을 대령하라."

한명룡이 피투성이가 되자 이기는 죽은 한문욱의 아들 한종운에게 형장을 때리면서 신문했다. 사건은 명백하게 드러나 있었기 때문에 누가 주모자인지만 밝히면 끝이었다.

"현감이 술에 취해 읍리를 함부로 곤장을 때려 죽였습니다. 자식으로서 아비가 억울하게 죽임을 당했는데 어찌 참을 수가 있겠습니까? 아비의 억울함을 밝혀주십시오."

한종운은 한문욱의 억울함을 풀어달라고 호소했다.

"네 아비가 어찌 죽었든 칼을 들고 현아를 습격한 것은 반란죄다. 누가 칼을 들고 침범하자고 모의했느냐?"

"소인입니다. 소인이 주장했습니다."

이기는 한종운에게도 혹독하게 곤장을 때렸다. 그의 일가들도 곤장을 때리고 이튿날 다시 한명룡에게 곤장을 때렸다.

한명룡은 곤장을 맞다가 죽었다.

이기는 장문의 보고서를 만들어 조정에 올렸다.

한명룡 사건은 경기 감영에서도 보고를 올렸다.

"한명룡은 물고(物故)되었습니다."

"주범이 이미 죽었으니 종범은 자연 참작하여 처벌해야 할 것이다. 등급을 나누어 처결하는 것이 옳을지 해조로 하여금 이치를 따져 초기하게 하라."

정조가 명을 내렸다.

"어사의 서계(書啓)에 비록 수범과 종범을 나누었으나 숙부와 조카의 범행 동기는 원래 다름이 없습니다. 한종운은 주모자로 논죄하고 나머지는 경중을 나누어 처벌하겠습니다."

"지난번 금천 사건으로 역시 이미 거듭 신칙하였는데, 듣기로 그놈을 동추(同推)하는 중에 있어 미처 결안을 받지 못했다고 하니 해당 도백을 추고하라. 경이 아뢴 것에 대해서는 의견이 없지 않다. 여러 대신에게 나아가 논의하고, 다시 본조의 여러 당상의 의견을 갖추어 중지를 모아 초기하라."

정조는 대신들의 의견을 물어보라는 명을 내렸다.

"효수(梟首)하여 거리에 걸어 놓아 백성으로 하여금 징계하고 두려워할 줄을 알게 해야 합니다."

우의정 김익(金熤)이 아뢰었다.

"형구를 갖추어 결안을 받아 즉시 처형해야 합니다."

영중추부사 김상철(金尚喆)과 판중추부사 서명선(徐命善)이 아뢰었다.

"군법을 시행해도 안 될 것이 없을 듯합니다."

판중추부사 정홍순(鄭弘淳)과 영돈녕부사 홍낙성(洪樂性)이 아뢰었다.

"형구를 갖추어 처형하는 것이 합당할 듯합니다."

형조참판 이숭호(李崇祜)가 아뢰었다.

"우의정의 의견에 따라 시행하는 것이 마땅할 듯합니다."

형조참의 이의행(李義行)이 아뢰었다.

"의논한 대로 시행하라."

정조는 동추에 따라 명을 내렸다. 한명룡은 이미 죽었기 때문에 처벌의 논의에서 제외되었고 한종운은 목이 잘리고 머리는 금천현 성문에 매달렸다. 한문욱의 죽음으로 현아를 습격한 한명룡과 한종운까지 죽임을 당한 것이다.

한명룡의 옥사는 정조시대에 일어난 비극이다. 금천 현감 신기는 술에 취해 괘서 사건을 빌미로 읍리인 한문욱을 곤장을 때려 죽였다. 이에 분개한 한문욱의 동생 한명룡이 한문욱의 아들 한종운과 함께 칼과 몽둥이를 들고 금천 현아를 습격했다. 현감 신기는 관인도 챙기지 않고 달아났고 경기 관찰사 이진형이 한명룡 일당을 체포하여 조정에 보고하면서 옥사가 시작되었다.

정조는 이 사건을 억울한 백성의 복수극으로 보지 않고 왕권에 대한 도전, 즉 반란으로 보았다. 그는 즉시 안핵어사 이기를 파견하여 조사했다. 이때 한명룡은 조사를 받다가 곤장을 맞고 죽었다. 두 형제가 모두 곤장을 맞고 죽은 것이다. 금촌 현감 신기는 의금부에서 조사를 받았으나 정조의 명으로 석방되었다. 사대부들은 그를 한문욱 장살 사건으로 다루지 않고 현아가 습격을 받았을 때 관인도 챙기지 않고 달아난 죄로 다스리려고 했으나 정조는 거절했다.

정조는 한종운을 동추에 회부했다. 조선의 재판은 초복, 재복, 삼복으로 나뉘어져 있는데 삼복 후에도 미심쩍은 부분이 있으면 형조의 당상관들과 시원임대신들에게 문의한 뒤에 재심을 하거나 판부를 내린다. 한종운은 동추 결과, 가장 무거운 죄인 효수형이 내려졌다. 금천 현감인 신기로 인해 한씨 일가 3인이 억울하게 죽임을 당한 것이다.

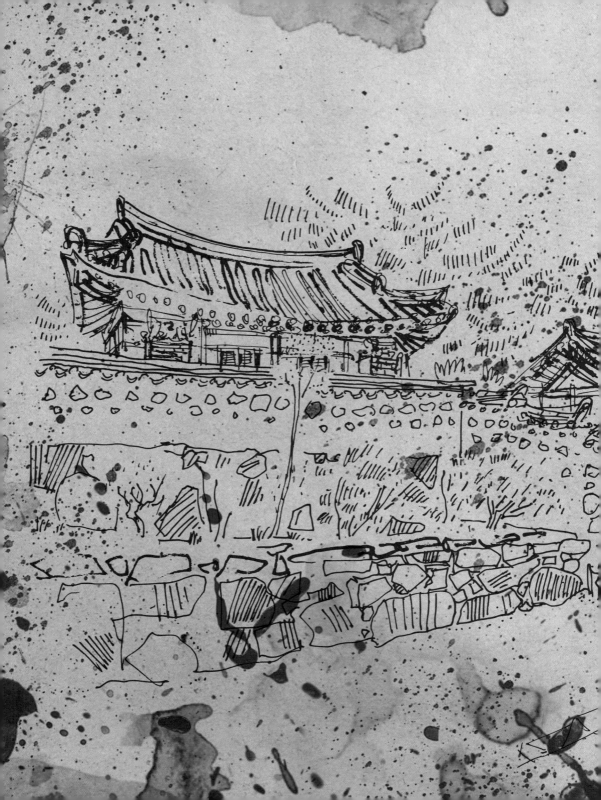

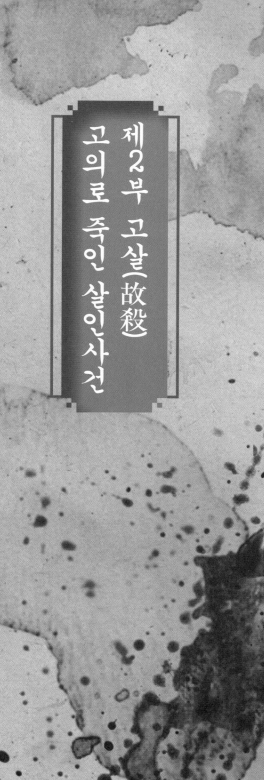

제2부 고살(故殺)
고의로 죽인 살인사건

고살

고살은 순전히 고의적으로 죽인 살인을 일컫는다. 현대적인 해석으로는 살의가 있을 때를 의미한다. 고살은 모욕에 의한 분노, 가족에게 끼친 위해에 대한 복수, 치정에 대한 배신감 등 살인의 원인이 다양했다. 같은 조건에서의 살인이라도 두 사람이 모의를 하면 모살이 되고, 혼자서 살인을 하게 되면 고살이 되는 일이 많았다. 조선시대에는 고살에 의한 살인도 엄중하게 처벌하여 《대명률》에 따라 교형에 처했다고 한다.

4장

조선을 공포에
떨게 한
인육살인사건

사건 4

평안도 용천부 금춘의 옥사

인육살인은 '카니발리즘(cannibalism)'이라고도 하는데 장소와 시대를 불문하고 일어났다. 중국 고전에는 영웅호걸이 적과 싸워 이긴 뒤에 심심찮게 인육을 먹은 이야기가 나온다. 주군을 위하여 자신의 살을 베어 먹인 춘추전국시대 진문공(晉文公, 중이)의 신하 개자추(介子推) 이야기, 유비에게 인육을 먹인 농부의 이야기, 제환공(齊桓公)이 사람 고기를 먹어본 일이 없다고 하자 자신의 아들을 죽여 요리를 하여 바친 요리사 이야기도 있다. 심지어 중국에는 인육을 저울에 달아 팔았다는 기록까지 있다.

조선에서도 심심찮게 인육살인이 벌어졌다. 인육살인은 대개 두 가지 이유로 일어나는데, 하나는 굶주림 때문이고 다른 하나는 병 때문이다.

94

선조 9년, 창질(瘡疾)이 크게 유행했다. 창질은 괴저병 혹은 악성종양이라고도 부르는데 피부에 발생하는 질병을 총칭한다. 이 무렵 한양 도성 밖 사람들 사이에 창질을 치료하는 약으로 인육과 사람의 간담(肝膽)이 효과가 있다는 말이 돌았다. 이 때문에 흉악한 무리들이 힘없는 어린 아이들을 사람이 없는 곳으로 유괴해 살해하는 일이 빈번하게 일어났다. 비록 장성한 남녀라도 혼자 길을 가는 경우에는 습격하여 모두 배를 가르고 쓸개를 꺼내었는데, 이는 그 쓸개를 팔면 많은 값을 받을 수 있기 때문이었다. 그래서 배가 갈린 채 나무에 묶여 죽은 자가 산골짝에 잇달아 있었으므로 나무꾼들이 나무를 하러 갈 수가 없는 지경에 이르렀다.

"배를 갈라 사람을 죽인 자를 체포하는 일을 해조로 하여금 공사로 만들게 하라."

선조는 인육살인마를 체포하라 명하며 현상금까지 내걸었으나 사건은 그치지 않았다.

조선의 흉년은 여러 대에 걸쳐 계속되었고 가뭄과 수해가 반복되었다. 특히 조선은 수리시설이 제대로 갖추어지지 않았기 때문에 가뭄이 들면 농작물에 치명적인 피해를 주었다. 논바닥이 쩍쩍 갈라지고 밭작물이 타 죽는 가뭄이 해마다 계속되었다.

조선의 왕이나 대신들은 수리시설에 대한 공사를 벌여 가뭄에 대비할 생각은 하지 못하고, 기우제를 지내거나 여막을 설치해 놓고 먹을 것을 찾아 떠도는 유민들에게 죽을 끓여 먹이는 것이 고작이었다. 가뭄이 한 번 들면, 도성 문 밖에 굶어죽은 시체들이 곳곳에 버려져 있었다.

개자추 동상
진(晉)나라 문공(文公)이 왕위에 오르기 전, 아버지 헌공(獻公)에게 추방되었을 때 19년 동안 그를 모시며 망명생활을 함께하였다. 문공이 왕위에 오르고 많은 현신(賢臣)을 등용하였으나 개자추에게는 봉록을 주지 않았다. 실망한 그는 면산(綿山)에 들어가 숨어 살았다. 문공이 자신의 잘못을 뉘우치고 그를 불렀으나 나오지 않았다. 문공은 그를 나오게 하기 위해 산에다 불을 질렀으나 끝내 나오지 않고 어머니와 함께 그대로 타 죽었다. 한식(寒食)은 개자추가 타 죽은 날을 추념하기 위해 불을 피우지 못하게 한 데서 유래했다고 한다.

  평안도 용천부(龍川府)는 평안도에서 가장 북쪽에 있는 지역으로 압록강 하구에 있었다. 숙종 23년을 전후하여 용천부 일대에도 유례없는 흉년이 휘몰아쳤다. 용천부의 많은 사람이 굶어 죽고 얼어 죽었다. 용천부 장삼리는 동쪽에 위치해 있는데 바다가 있는 서쪽에는 중인이나 천민이 살고 동쪽에는 양민이 살았다.

숙종 23년 1697년 4월 29일. 오랜 흉년으로 전국이 굶주림에 몸살을 앓고 있었다. 숙종이 굶어 죽은 사람들을 위하여 제사를 지낼 정도로 굶주림이 심했는데 관서지방이라고 불리는 평안도 용천은 더욱 심했다. 숙종이 친히 다음과 같은 제문을 지내 위로할 정도로 굶주림이 심했다.

"아! 지금의 기근(飢饉)이 너무 심하다. 애처로운 저 죄 없는 이들이 좋지 못한 때에 태어나 부자(父子)가 서로 보호하지 못하고, 부부가 서로 구원하지 못하며, 형제가 서로 구휼하지 못하여, 사람이 서로 잡아먹는 변고가 있기에 이르렀으니, 이것이 어찌 본래의 성품이겠는가? 나의 슬픔을 보태게 하도다. 아! 참혹하구나. 길에 넘어져 있는 자는 모두 거지이고 들판에 널려 있는 것은 모두 굶어 죽은 시체인데 누가 너희들의 영혼을 불러 위로하겠으며, 누가 너희의 제사를 주장하겠는가? 의탁할 데 없는 영혼이니, 굶주리지 않겠는가? 아! 관서지방이 허술해지고, 나라의 근본인 백성이 죽어 넘어지고 있으니, 차마 말할 수 있겠는가?"

용천부 장삼리의 양반 여인 금춘(今春)과 예합(禮合)은 방안에 우두커니 앉아 있었다. 며칠째 양식이 떨어져 굶다 보니 뱃가죽이 달라붙은 것은 물론이요 정신까지 몽롱하여 눈이 흐릿했다. 보름 전에 양식을 구하러 간 남정네들은 죽었는지 살았는지 기별이 전혀 없었고 아이들은 이 방 저 방에서 죽어 있었다. 장삼리 일대 사람들이 대부분 굶어 죽고 살아있는 사람들도 언제 죽을지 알 수 없는 처지였다.

"어머니, 아이들은 잘 자고 있겠지요?"

금춘이 기운이 하나도 없는 목소리로 예합에게 말했다.

'저것이 실성을 했구나. 애들이 죽은 지 언제인데…….'

예합은 벽에 등을 기댄 채 혼자 생각에 잠겼다. 며칠이나 굶었는지 알 수 없었고 이젠 거의 배고픔조차 느껴지지 않았다.

"잠깐 잠이 들었나 봐요. 꿈을 꾸었는데 살이 찐 돼지 한 마리가 집으로 들어왔어요. 그래 그것을 잡았는데……, 이웃이 보면 빼앗길까 봐 몰래 부엌에서 구워 먹었어요. 하도 배가 고파 어머니 드리는 것을 깜박했네요."

"괜찮다. 꿈속의 일인 것을……."

"꿈에 돼지가 들어왔으니 좋은 일이 있을지 몰라요. 어머니, 정신줄 놓지 마세요. 지금 정신줄 놓으면 죽을지 몰라요."

예합은 무겁게 한숨을 내쉬었다. 며느리 금춘이 헛소리를 중얼거리는 것을 보면 죽을 때가 된 모양이라고 생각했다. 그때 대문 열리는 소리가 들렸다. 이웃에 사는 양반가의 여자 기생(己生)이었다. 몸이 뚱뚱하여 시집도 못가고 있는데 흉년이 되어 살이 부쩍 빠져 있었다. 금춘은 꿈에 본 암돼지가 집으로 들어오는 기분이었다.

"저……. 혹시 양식이 있으면 좀 빌려주세요."

기생이라는 여자도 정신이 나갔나 보다. 이 처참한 흉년에 양식이 어디 있다는 말인가? 예합은 속으로 고개를 흔들었다. 금춘은 눈을 굴리면서 무엇인가 골똘히 생각에 잠겨 있었다.

"어머나! 우리도 지금 양식이 떨어졌어요. 허지만 술시초(戌時初, 오후 7시)에 양식을 가져 온다고 했으니 술시정(戌時正, 8시)이나 술시말(戌時末, 9시)에 오세요.

금춘이 갑자기 기생이라는 여자에게 알 수 없는 소리를 했다. 예합은 금춘의 말에 깜짝 놀랐다. 술시초에 양식을 가져올 사람 따위 있을 리 없다.

"정말 술시말에 오면 양식을 빌려줄 거예요?"

기생은 긴가민가해하는 표정이었다.

"빌려줄 테니까 다른 사람에게는 일체 말하지 말아요. 다른 사람들이 알면 난리날 거예요."

"그럼요. 다른 사람들이 알면 큰일나지요."

기생이라는 여자가 금춘에게 맞장구를 치고 돌아갔다. 예합은 기운이 없어서 다시 눈을 감았다. 이렇게 눈을 감으면 다시는 눈을 뜨지 못할지도 모른다고 생각했다.

달이 높이 떠올랐다. 어느 골짜기에서인지 늑대 우는 소리가 음산하게 들렸다. 예합이 눈을 떴을 때 사방이 괴괴할 정도로 조용했다. 모든 것이 푸른 달빛에 둘러싸여 있고 사방이 음산하면서도 조용했다.

'내가 죽어서 유계(幽界)에 온 것일까?'

예합은 문득 그렇게 생각했다. 유계가 아니라면 이토록 황량하고 음산하지 않을 것이라고 생각했다. 의식이 조금씩 명료해지기 시작했다. 그러자 부엌 쪽에서 달그락거리는 소리와 함께 구수한 냄새가 솔솔 풍겨왔다.

'누가 이렇게 맛있는 고깃국을 끓이는 거지?'

예합은 군침이 돌면서 극심한 시장기를 느꼈다. 자신도 모르게 엉금엉금 기어서 부엌 쪽으로 향했다.

"어머니, 깨어나셨어요? 우선 국물부터 드셔보세요."

그때 금춘이 국물 대접을 가지고 부엌에서 나왔다.

"무슨 국물이냐?"

"고깃국이에요."

"고깃국?"

예합은 고깃국이라는 말에 허겁지겁 국물을 숟가락으로 떠마셨다.

"이젠 고기도 뜯어 잡수세요."

예합은 금춘이 시키는 대로 고기도 뜯어 먹었다. 금춘도 앞에 앉아서 고기를 뜯어 먹는데 밤이 새는 줄도 몰랐다.

용천 부사 김인기가 장삼리 향임 최덕팔로부터 인육살인사건 보고를 받은 것은 가뭄 구제책을 세우기 위해 육방 관속을 모두 동헌으로 불러들였을 때였다. 최덕팔이 정신없이 달려 들어와 허리를 숙이자 또 장삼리에서 몇 명이 굶어죽었다는 보고려니 하고 눈살부터 찌푸린 참이었다.

"사또, 장삼리의 양녀 금춘과 예합이 양녀 기생을 살해하여 인육을 먹었기에 고발합니다."

최덕팔이 전신을 부들부들 떨면서 고하자 부사 김인기는 멍한 표정이 되었다. 육방 관속도 어리둥절한 표정으로 입을 벌린 채 다물 줄을 몰랐다.

"사또, 속히 행차하십시오."

최덕팔이 더욱 언성을 높였다.

"인육을 어쨌다고?"

"양녀 금춘과 예합이 사람을 죽여 인육을 먹었습니다."

"인육을 먹다니 그게 무슨 해괴한 소리인가?"

"양녀 금춘이 양녀 기생을 짓눌러 죽인 뒤에 고기를 먹었습니다."

김인기는 이해할 수 없다는 표정으로 고개를 흔들었다.

"왜?"

"굶주려서 고기를 먹었다고 합니다."

"굶주려서 고기를? 굶주려서 사람고기를 먹었다는 말이냐?"

육방 관속들이 일제히 웅성거렸다. 김인기는 육방 관속과 율관, 약방, 오작인, 나졸들을 데리고 장삼리로 달려갔다. 장삼리에는 벌써 마을 사람들이 금춘과 예합을 묶어 놓고 피투성이가 되도록 몽둥이질을 한 뒤였다.

'어찌 이럴 수가……'

최덕팔의 안내로 부엌으로 들어간 김인기는 경악했다. 커다란 가마솥에 사람의 팔다리가 들어 있고 부엌 뒤에는 목이 잘린 여자의 머리와 몸통 그리고 옷가지들이 나뒹굴고 있었다.

'내가 꿈을 꾸는 것인가?'

김인기는 속이 매슥거렸다. 그는 부엌에서 마당으로 나왔다. 살인사건은 여러 차례 보았으나 인육살인사건은 처음이었다. 그를 수행한 율관이며 약방, 오작인들도 부엌에 들어갔다가 다시 튀어나왔다.

"죽은 여자는 누구인가?"

김인기는 정신을 차리고 살인사건을 조사하기 시작했다. 집 앞에는 많은 사람이 몰려와 웅성거리고 있었다. 흉년으로 수많은 사람이 굶어 죽었는데 장삼리에는 아직 살아있는 사람이 많다고 생각했다.

"양녀 기생이라는 여자로 장삼리에 살고 있습니다."

최덕팔이 우물쭈물 대답했다. 마을 사람들의 얼굴은 굶주림으로 누렇게 떠 있었다.

"시친은 누구인가?"

최덕팔이 늙수그레한 사내를 데리고 왔다. 그는 눈이 퉁퉁 부어 있었다.

"어디 사는 누구고 무슨 생인가?"

"소인은 장삼리에 사는 조기풍이고 갑술생입니다."

갑술생이면 63세다.

"죽은 여자와 어떤 사이인가?"

"소인의 며느리입니다."

"어찌하여 이 집에 와서 죽었는가?"

"양식을 구하러 나간다고 술시에 집을 나갔습니다."

"이 집에 온다고 한 것이냐?"

"아닙니다. 그냥 양식을 구하러 나간다고 나가더니 밤새 돌아오지 않았습니다."

"허면 어찌하여 이 집에 있는 것을 알았는가?"

"아침에 마을 사람들이 웅성거리고 있었습니다. 너나없이 양식이 없어서 걱정을 하는데 고기 삶는 냄새가 난다고 사람들이 이 집으로 몰려와 부엌을 들여다보니 사람의 인육을 삶고 있었습니다. 마을 사람들과 함께 금춘과 예합을 묶어서 몽둥이로……. 세상에 이런 금수 같은 것들이 어디에 있습니까? 이것들이 제 며느리를 죽여서……."

조기풍이 눈물을 흘렸다. 김인기는 예합을 불러 신문했다.

"나는 잘 모릅니다. 며느리가 고깃국이라고 해서 떠먹었고 고기라고 해서 뜯어 먹었습니다. 소인을 죽여주십시오."

예합은 하염없이 눈물을 흘렸다.

"네가 기생을 살해하였느냐?"

김인기는 금춘을 불러 신문했다.

"예."

"어찌 그와 같이 무지막지한 일을 저질렀느냐?"

"배가 너무 고팠습니다."

금춘이 머리를 숙인 채 대답했다.

"배가 고프다고 사람을 살해하여 인육을 먹었다는 말이냐?"

김인기가 언성을 높였다. 금춘은 넋이 빠져서 축 늘어져 있었다.

"어떻게 죽인 것인지 고하라!"

"기생이 양식을 구하러 왔는데……, 살이 포동포동한 것입니다. 문득 저 여자를 잡아먹으면 배가 고프지 않을 것 같다는 생각이 들었습니다. 그래서 밤에 오라고 하고……. 기생이 밤에 오자 부엌으로 데리고 들어갔습니다. 부엌에서 기생을 목 졸라 죽이고, 닭을 잡듯이 머리를 자르고, 옷을 벗기고 사지를 절단하여……."

"되었다. 그만하라."

김인기는 더 이상 금춘의 진술을 들을 수 없었다.

평안도 관찰사 민진구는 용천 부사 김인기의 보고를 받고 경악했다. 용천의 양녀 금춘과 예합이 굶주림을 견디다 못해 양녀 기생을 먹었다는 보고서가 올라온 것이다. 김인기의 보고서에는 금춘과 예합의 일가가 굶주림으로 모두 죽었는데 금춘의 남편은 사랑방에서, 두 딸과 아들 하나는 건넌방에서 죽어 있다고 했다.

'굶주림이 얼마나 심하기에 사람을 먹은 것인가?'

민진구는 일이 손에 잡히지 않았다. 평안도 북부의 흉년은 수십 년 만에 처음 만나는 흉년으로 조정에 고하여 구휼미를 내려달라고 청하고 있는 중이었다. 그러나 구휼미가 오기도 전에 참상이 일어난 것이다. 민진구는 조정으로 보고서를 올렸다.

"신이 다스리는 평안도의 용천촌에 여자 두 사람이 굶주려 고생하다가 함께 모의하여 같은 마을의 여인을 짓눌러 살해하여 그 고기를 먹었습니다. 신이 고을을 제대로 다스리지 못한 죄이니 대죄를 청합니다."

관찰사 민진구가 장계를 올리자 숙종이 탄식했다.

"이것은 나의 허물이고 경의 잘못이 아니다."

숙종이 유시를 내렸다. 금춘과 예합이 어떤 처벌을 받았는지는 기록에 보이지 않는다.

"아! 내가 얕은 덕으로 큰 기업을 계승한 지 이제 24년이 되는데, 정치를 잘하지 못한 것이 많아서 아래에 미친 은택이 적었으니, 스스로 하늘의 노여움을 불러들여 이렇게 해마다 흉년이 들게 되었다. 애처로운 팔도의 백성이 모두 굶주려 도랑과 골짜기를 메우고 마을이 쓸쓸하기가 전쟁이 일어난 것과 같다. 황폐한 전답은 눈에 가득하여 마음을 상하게 하는데, 더구나 먼 관서 지방은 유독 무슨 까닭으로 치우치게 가뭄의 해독을 입었는가?

내가 어질지 못하여 평소에도 이미 안무(安撫)하는 은혜를 미루어 행하지 못했고, 창고의 곡식이 다 떨어져 진휼하여 구제하는 방법도 다할 수가 없었으므로, 나의 동포(同胞)인 백성으로 하여금 한없는 재화(災禍)를 당함이 이 지경에 이르게 하였으니, 내가 너희들을 죽인 것과 무엇이 다르겠는가? 아! 부모로서의 마음이 다시 어떻겠는가? 마음은 칼로 베는 듯하여 눈물이 한없이 흐른다. 아! 되풀이하여 생각해 보았으나, 첫 번째도 나의 허물이고, 두 번째도 나의 허물이다. 잘못을 견책하며 처벌하는 것을 달갑게 여겨야 하나, 우리 백성이 대신하여 그 재앙을 받으니, 아득하기만 한 푸른 하늘이여, 어찌 차마 이렇게 합니까?

관서 한 지방이 다른 지방보다 더욱 심하므로, 내가 몹시 슬퍼하여 도신(道臣)에게 명해서 땅을 골라 단(壇)을 만들도록 하고, 너희 여러 영혼을 모이게 하여 맑은 술을 권하면서 마음에서 우러난 실정을 알리니, 이치로 보아 틀림없이 감통(感通)할 것이다. 아! 너희들은 너의 친구와 너의 짝을 이끌고 와서 내가 차린 제수(祭需)와 나의 지극한 정성을 흠향(歆饗)하고, 너희들의 답답했던 원통함을 풀라. 화기(和氣)를 인도하여 맞이해서 모든 재앙이 영구히 사라져 국가가 편안한 데 이르기를 바라기 때문에 이렇게 교시하니 의당 모두 알기를 바라노라."

숙종이 친히 지은 제문으로 지극히 명문이다. 굶어 죽은 사람들을 생각하면서 읽으면 눈물이 나온다. 그러나 굶주림에 대한 대책을 내놓지 못하고 있으니 조선에 경제학자가 없었기 때문이리라.

조선시대 인육살인사건은 가난으로 인해 발생하거나 질병을 치료하기 위한 목적으로 일어났다. 그러나 세종 때에 발생한 인육살인사건은 여러 가지 의문점을 가지고 있다. 실록에는 이 사건이 요언(妖言), 즉 유언비어라고 기록하고 있다.

세종 때의 전리(典吏) 김의정(金義精)은 자신이 황해도 서흥군 백곡리에 살고 있는데 인육을 먹는 자가 있다고 세종에게 보고했다. 세종이 깜짝 놀라 판군자감사(判軍資監事) 이인손에게 김의정을 데리고 가서 사실을 조사하게 했다. 그러나 이인손은 조사를 마친 뒤에 김의정의 말이 모두 거짓이어서 서흥에 가두어두었다고 보고했다.

"서흥 죄수 김의정이 사람이 사람고기를 먹었다고 말을 지어냈으니 요언을 조작한 율로 죄를 주면 죄가 참형에 해당합니다."

형조에서 아뢰었다.

"김의정은 1등을 감하고, 그의 전 가족을 변방 고을에 입거(入居)하게 하라."

세종이 명을 내렸다. 김의정은 유언비어를 유포한 죄로 사형을 당하고 가족들은 변방으로 추방되었다.

의정부 전리인 김의정은 황해도 서흥군 출신이었다. 1447년 봄, 그는 휴가를 얻어 고향 백곡리에 갔다. 음력 4월 보름이었다. 3월에 핀 진달래며 살구꽃과 복숭아꽃이 지고 산과 들에는 초목이 연둣빛으로 무성했다. 그가 마을 뒷산을 걸어 산책에 나섰는데 나무하던 아이들이 소리를 지르면서 달려 내려

이인손의 묘

오고 있었다.

"무슨 일이냐?"

김의정은 의아하여 아이들에게 물었다.

"북쪽 산골짜기에 어떤 사람이 사람의 고기를 구워 먹고 있어요."

아이들이 공포에 떨면서 소리를 질렀다.

"사람의 고기를 구워 먹다니⋯⋯. 그게 무슨 소리냐?"

아이들의 말에 김의정은 소름이 오싹 끼치는 것을 느꼈다. 아이들이 장난을 하는 것인가 싶어 자세하게 살폈으나 아이들의 얼굴에는 공포만 가득할

뿐 장난기는 찾아볼 수 없었다.

"틀림없이 우리 눈으로 봤어요."

아이들 다섯이 일제히 대답했다.

"그렇다면 가보자."

"무서워서 어떻게 가요?"

김의정은 아이들이 두려워하자 마을 장정들까지 데리고 북쪽 산골짜기로 달려갔다. 살인자는 보이지 않았으나 과연 아이들의 말대로 불을 피워 고기를 굽던 흔적이 역력하게 남아 있었다. 불은 아직도 따뜻했고 현장에는 사람의 머리와 다리가 그대로 버려져 있었다.

'참으로 무서운 놈이구나.'

김의정은 몸을 부르르 떨었다. 그러나 사건은 그것으로 끝난 것이 아니었다. 불과 열흘도 되지 않았을 때 나무라던 아이들이 또다시 그에게 달려왔다.

"산에 또 사람고기를 먹는 사람이 나타났어요."

김의정은 갑사 김을경과 선군(船軍, 수군) 구자의를 데리고 산으로 달려갔다. 현장에는 사람의 다리 네 개가 남아 있고 불기운이 아직도 따뜻했다. 머리와 몸통은 보이지 않았다. 김의정은 불에 굽다가 만 사람의 다리를 보고 경악했다.

"누가 이런 짓을 한 거야?"

"악귀가 나타난 게 틀림없어."

마을은 발칵 뒤집혔고 외출조차 할 수 없었다.

'이 악마와 같은 놈을 반드시 잡아야 한다.'

김의정은 인육살인마를 잡기 위해 은밀하게 마을을 염탐하고 다녔다.

"이우(李雨)가 밤과 새벽에 돌아다닌다."

그러던 중 사람들이 수군거리는 소리를 들을 수 있었다.

"이우는 무엇을 하는 자인가?"

"선군이다."

"왜 밤이나 새벽에 돌아다니는가?"

"무덤을 파서 시체의 옷을 벗긴다."

"왜 그런 짓을 하는가?"

"모른다. 사람들은 그가 무서워서 가까이 가지 않는다."

마을 사람들의 이야기를 듣고 김의정은 이우를 비밀리에 조사했다. 그러자 그가 인육살인마라는 사실을 확실하게 알 수 있었다. 김의정이 장정들과 함께 이우의 집을 수색하자 사람의 팔과 고기 두 덩어리가 나왔다.

'이놈이 인육살인마가 틀림없구나.'

이우를 잡아서 추궁하자 승복했다. 이에 김의정은 서흥 관아에 고했다. 서흥 관아에서는 너무나 놀라 사람고기를 먹었다는 사실을 말하지 못하고 내버려두었다.

김의정의 요언 사건은 의문점이 많다. 일개 전리밖에 되지 않는 김의정이 어떻게 인육살인사건이 일어났다고 세종에게 보고를 했는지 알 수 없고, 이의손의 기록에서는 김의정의 보고가 왜 요언인지, 김의정이 왜 이런 요언을 퍼뜨렸는지에 대해서는 언급하지 않았기 때문이다. 실록, 심리록, 추관지 등

대부분의 기록은 너무나 간략하다. 그러므로 행간을 추적하고 사건을 분석하여 사건을 유추할 수밖에 없다.

실록의 기록대로라면 서흥의 인육살인사건은 유언비어에 지나지 않는다. 임금에게 유언비어를 말하면 기군죄에 해당되어 참수형을 당한다. 그런 위험을 알면서도 인육살인사건을 고한 이유는 무엇일까. 어쩌면 그의 보고가 진실이고 민심이 흉흉해질 것을 두려워한 세종의 고육책이 아니었을까. 김의정의 보고가 너무나 생생한 데 비해 이의손이 보고한 내용은 전혀 기록되어 있지 않다.

5장
무뢰한에게
빼앗긴 가정

조선의 가정파괴범

　조선시대 향촌사회는 몇 명의 양반 지주와 그를 둘러싼 다수의 농민, 천민, 노비가 어우러져 살고 있었다. 소수의 양반이나 지주는 마을 사람들 위에 군림했는데 양반들끼리 반목하는 경우가 많았다. 가령 한 마을에 이씨와 정씨가 모여 살면 은근하게 이씨와 정씨가 대립했다. 그들은 양반들과의 반목에서 우위를 점하기 위해 한곳에 모여 살았다. 분가를 할 때면 으레 아래윗집에 새로 집을 짓고 분가를 시켜 형제가 울타리 하나를 사이에 두고 사는 일도 많았다. 그 바람에 향촌사회에 집성촌이 많아졌고 그것이 세력화되기도 했다.

　한 마을에 집성촌이 하나둘 형성되면서 여러 가지 사회적인 문제를 일으키기도 했다. 산소 문제로 대립하거나 마을을 관통하는 개울물을 논으로 끌어대는 문제로 격렬한 마찰을 빚기도 했다. 집성촌 자체 내에서도 문제가 일어났다. 조선에서 절대적으로 금기로 여기고 있는 근친상간 문제가 심심치 않게 발생했던 것이다.

1788년 무신년 5월이었다. 사방이 캄캄하게 어두워졌는데 어디선가 접동새가 울었다. 그 소리에 공기가 파르르 몸을 떨고 문풍지가 울었다.

몇 시나 되었을까. 아내가 화장하기 위해 면경(面鏡, 거울)과 마주 앉았다. 인방신(印方信)은 그런 아내의 등을 뚫어져라 쳐다보았다. 금방 세수를 한 아내의 얼굴은 인방신이 보기에도 깜짝 놀랄 정도로 요염했다. 눈썹을 그려 넣기 위해 면도칼로 깨끗하게 밀어 버린 이마, 오뚝한 콧날, 봉긋한 입 언저리, 커다란 가슴…….

아내는 인방신보다 한 살이 많은 스물일곱 살이었다. 인방신은 열여섯 살, 아내는 열일곱 살 때 혼례를 올리고 부부가 되었다. 당시에도 아내는 젊은 색시라고 생각되지 않을 정도로 풍만한 몸을 갖고 있었다.

아내는 인방신의 눈길을 의식하지 않고 화장에 열중한 모습이다. 인방신은 팔베개를 하고 모로 누웠다. 그는 젊은 아내가 화장을 하는 것을 훔쳐보면서, 낯선 남자와 바람을 피우는 아내를 죽여 버리는 상상을 했다. 물론 그것은 무섭고 끔찍한 일이었다. 그러나 남편 앞에서 외간 남자를 만나러 가기 위해 정성스럽게 화장을 하는 아내를 어떻게 용서할 수 있겠는가.

아내는 먼저 얼굴에 분을 찍어 바르고 다음에는 머리를 빗고 비녀를 꽂았다. 눈썹은 나중에 그리는 편이다. 아내는 거울에 얼굴을 바짝 들이대고 초승

달 같은 눈썹을 그렸다. 그리고 입술을 봉긋하게 오므려 새빨간 물감을 발랐다. 인방신은 아내가 무엇을 얼굴에 찍어 바르는지도 잘 몰랐다. 그러나 모두가 귀하고 비싼 것이라는 것을 알 수 있었다.

이따금 면경 속에서 아내와 시선이 마주치기도 했다. 그럴 때마다 아내는 재빨리 시선을 돌렸다. 인방신은 아내의 그런 동작이 마치 몸에 달라붙은 송충이를 떼어버리는 것 같아서 매정하게 느껴졌다. 그런 느낌을 받은 적이 요 근래에 한두 번이 아니었다.

아내는 화장을 마치자 옷을 갈아입었다. 신혼 초에는 인방신 앞에서 옷 갈아입기를 부끄러워하며 머뭇댔지만, 이제는 거리낌 없이 치마저고리를 홀렁홀렁 벗어던지고 새 옷으로 갈아입는다.

"여보, 치마 좀 내려줘요."

아내가 인방신에게 말했다. 인방신은 엉거주춤 일어나서 횃대에 걸려 있는 치마를 내려 아내에게 걸쳐주었다. 그리고 아내 몰래 등 뒤에서 살(肉) 냄새를 맡았다.

"괜찮아요?"

아내가 거울을 향해 등을 돌려 자신의 모습을 비추어 보면서 물었다.

"괜찮아."

인방신은 심드렁하게 대꾸했다.

"좀 늦을 거예요. 기다리지 말고 먼저 주무세요."

아내는 인방신의 볼에 살짝 입맞춤을 했다. 인방신은 왠지 눈물이 나올 것 같이 울컥했다. 이제 아내는 외출을 할 것이고 얼마 뒤에는 인전묵(印全墨)의 알몸을 껴안고 뒹굴 것이다.

아내가 살짝 미소를 짓고 방을 나갔다. 대청을 지나 신발을 끌고 마루를 나가는 소리가 들렸다. 별채에 살고 있는 인전묵도 움직이는 소리가 들렸다. 그들은 앞서거니 뒤서거니 집을 나가 어디에선가 밀회를 할 것이다.

인전묵은 아버지 인충국(印忠國)과 10촌이 넘는 인(印)씨 일가였다. 1년 전 늙은 어머니와 함께 와서는 며칠만 신세를 지겠다고 하더니 떠나지 않았다. 오히려 사납게 눈알을 부라리면서 주인 행세를 하고 아내와 사통했다. 아내가 한낱 무뢰한에 지나지 않는 인전묵에게 눈웃음을 치고 교태를 부리는 것을 볼 때마다 인방신은 배신감에 몸을 떨었다.

방바닥에는 아내가 벗어 놓은 옷가지들이 어지럽게 널려 있었다. 아내는 자기가 벗어 놓은 옷조차 치우지 않았다. 인방신은 아내가 벗어던진 옷들을 한쪽으로 정리하며 아내의 잔향을 흡, 하고 맡았다.

아내는 늦은 밤이나 새벽에 돌아올 것이다. 인방신은 잠을 이루지 못하다가 옆에 와 눕는 아내를 껴안을 것이다.

"피곤하고 졸려요."

아내는 인방신의 손이 닿는 것을 거절한다. 그러나 인방신은 억지로 아내의 알몸을 껴안고 불과 몇 시간 전에 아내의 몸에 묻혔을 낯선 사내의 입술자국을, 낯선 사내의 손길을 찾을 것이다. 그리고 낯선 사내의 등을 껴안고 몸부림치던 아내의 얼굴을 떠올릴 것이다. 요즈음 거의 매일같이 되풀이되는 일과였다.

아내는 몇 시간이 지나도 돌아오지 않았다. 어쩌면 새벽이슬을 맞고 돌아올지도 모른다고 생각했다. 인방신은 엎치락뒤치락하다가 방에서 대청으로 나왔다. 얼마나 오랜 시간이 지났는지 알 수 없었다. 달이 밝아서 마당이 환했다. 그때 대문 열리는 소리가 들렸다. 조심스럽게 대문을 열고 들어오던 인전묵이 인방신을 힐끗 쏘아보았다.

인전묵과 눈이 마주친 인방신은 등골이 섬뜩했다. 인전묵이 사나운 눈빛으로 그를 흘겨보고 별채로 향했다.

'어디서 저런 놈이 들어와 가지고……'

인방신은 인전묵이 별채로 들어가는 것을 보고 마당을 향해 침을 칵 뱉었다. 인전묵은 무뢰배다. 장터에서 아무개 다리몽둥이를 분지르고, 아무개를 번쩍 들어 팽개쳤는데 돌에 부딪쳐 죽는 바람에 10년 동안 유배 생활을 하고 돌아왔다는 말을 밥 먹듯이 했다. 자신을 밀고한 놈은 목을 따서 죽이겠다는 말도 잊지 않았다. 그런 말을 들으면 인방신은 자신이 마치 밀고자이기나 한 것처럼 두려웠다.

"쇠돌아, 술 좀 가져와."

별채에서 인전묵이 소리를 버럭 질렀다.

"예에."

문간방에서 쇠돌이 냉큼 대답을 하고 뛰어나오다가 마루에 서 있는 인방신을 보고 멈칫하고는 조심스레 말했다.

"별채 나리께서 술을 가져오라고 하는데요."

인방신은 대꾸를 하지 않고 고개를 돌렸다. 쇠돌은 인전묵에게 한 번 호되게 얻어맞은 뒤에 설설 기고 있었다. 쇠돌이 쭈뼛거리면서 부엌으로 갔다.

인전묵에게 얻어맞은 것은 쇠돌뿐이 아니었다. 인방신의 외거노비 김인복도 말대꾸를 한다고 얻어맞고, 마을 사람 억초도 뒤에서 흉을 본다고 맞았다. 집에서 일하는 여종들도 술상을 빨리 안 차린다고 인전묵에게 혼나기 일쑤였다. 인전묵은 여종들이 말을 듣지 않으면 장독대를 때려 부수고 눈알을 부라려 공포 분위기를 조성했다. 인방신도 인전묵이 메다꽂아 외양간에 처박힌 일이 있었다.

'아내는 왜 안 오는 거지?'

인전묵이 돌아왔으니 아내도 돌아올 때가 된 것이다.

쇠돌이 부엌에서 술과 안주를 차려 별채로 달려갔다.

"이놈아! 안주가 이게 뭐야?"

별채에서 인전묵이 쇠돌에게 소리를 질렀다. 쇠돌은 나이가 마흔이 넘었고 인전묵은 서른도 되지 않았다. 그런데도 쇠돌이 종이라고 반말을 하며 주인 행세를 하고 있었다.

"아씨가 고기 삶아 놓은 게 있다고 했는데 왜 푸성귀만 가져와? 내가 소 새끼냐? 풀떼기나 뜯어 먹게!"

인전묵이 악을 쓰듯이 소리를 질러댔다.

'저러다가 아버지가 들을 텐데…….'

인방신은 늙은 아버지가 들을까 봐 걱정이 되었다. 다행히 아버지가 잠을 자고 있는 사랑채는 조용했다. 쇠돌이 별채에서 나와 부엌으로 들어갔다. 그는 삶은 고기를 챙겨 별채로 갔다. 인방신은 안방으로 돌아왔다.

아내가 돌아온 것은 인방신이 안방으로 들어온 지 일각(一刻, 15분)도 지나지 않은 때였다. 그래도 염치가 있는지 둘이 같이 돌아오는 것이 아니라 따로따로 돌아온다 싶어 인방신의 입안이 썼다.

"아직 안 주무셨어요?"

아내가 약간 당황한 표정으로 물었다. 아내의 대외적인 외출 사유는 이웃 마을에 사는 쌍과부네로 마실을 간다는 것이었다. 시어머니와 며느리가 모두 남편과 사별하여 쌍과부라고 불리는 집이었다.

"왜 이렇게 늦게 오는 거요?"

"이야기가 길어서 그렇지요. 졸려서 혼났네."

아내는 저고리와 치마를 훌훌 벗더니 그에게 등을 돌리고 모로 누웠다.

인방신은 좀처럼 잠이 오지 않았다. 벌게진 눈으로 허공을 쳐다보는 인방신의 귓가에 낮에 들었던 말이 맴돌았다.

"자네 부인이 안전묵과 콩밭에서 나오던데…… 뭘 했는지는 몰라도……."

윗마을에 사는 최창균이 말을 얼버무리며 인방신을 보고 혀를 찼다. 인방신을 걱정하는 기색이었다. 그러나 인방신은 속만 끓인 채 한마디 대꾸도 할 수 없었다.

"마누라 간수 잘해."

최창균의 말에 인방신은 찬물을 뒤집어쓴 것 같았다.

'음탕한 연놈을 가만두지 않을 거야.'

인방신은 어둠 속을 노려보면서 이를 갈았다.

장마철이 시작된 것일까. 빗방울이 후드득대더니 금세 빗줄기가 하얗게 쏟아졌다. 인충국은 들판에 하얗게 쏟아지는 빗줄기를 보면서 올해는 풍년이 들 것이라고 생각했다. 봄부터 가뭄이 심하지 않아 벼가 푸르게 웃자라 있었다.

"비가 참 잘 온다."

정자에 앉아 담배를 피우던 박 첨지가 혼잣말로 중얼거렸다. 냇가에 있는 정자에는 같은 마을 사람인 박 첨지와 최 생원이 앉아 있었다. 인충국까지 셋은 같은 마을에서 나고 자란 소꿉동무 사이다.

"금방 그칠 거야. 남쪽이 훤하잖아."

인충국은 담배연기를 손으로 쫓으면서 말했다.

"그런데 자네 조카는 언제까지 눌러 살 거래? 벌써 일 년이 넘었지?"

"조카는 무슨……. 10촌도 넘는데……."

인충국은 박 첨지의 말에 퉁명스럽게 내뱉었다. 인전묵의 얼굴을 떠올리기만 해도 불쾌했다.

"굴러온 돌이 박힌 돌을 뺀대."

인충국은 박 첨지의 말에 대꾸하지 않았다. 한참 동안을 묵묵히 앉아 있자 빗줄기가 수그러들기 시작했다.

"나 먼저 가네."

인충국은 빗줄기가 가늘어지자 정자에서 내려와 집으로 돌아왔다. 그런데 쇠돌이 곳간에서 쌀을 꺼내 지게에 싣고 있었다.

"이놈아, 쌀은 왜 내가는 것이냐?"

인충국은 쇠돌을 향해 버럭 소리를 질렀다.

"별채 나리가 시켰습니다."

"이놈아, 네가 죽고 싶은 것이냐? 내 허락도 없이 누구 맘대로 쌀을 내 가는 것이냐?"

그때 인전묵이 별채에서 어슬렁거리며 나왔다. 술이 취했는지 얼굴이 불쾌했다.

"왜 이렇게 시끄러워?"

인전묵이 부리부리한 눈알을 굴리면서 인충국을 쏘아보았다. 조금도 거리낌이 없는 눈치였다. 마당이 시끄러운 탓인지 며느리 박 씨와 아들 인방신, 손주들까지 방에서 나와 구경하고 있었다.

"누구 맘대로 쌀을 가져가? 도둑질이라도 하겠다는 것이냐?"

"거참! 빌려가는 거요! 갚아주면 될 거 아니야?"

성질을 못 이긴 인전묵이 마당에 있는 개를 발로 찼다. 개가 깨갱거리고 달아났다.

"당장 도로 들여놔라!"

"정말 이럴 거요? 내가 빌린다고 그랬잖아?"

인전묵이 인충국을 사납게 노려보았다.

"빌린다잖아요? 시끄럽게 하지 말고 빌려주지 그러세요."

며느리 박 씨가 참견했다. 시아버지에게 감히 말대꾸를 하고 있다. 전 같으면 어림없는 수작이었다.

"뭐라고?"

인충국은 어이가 없어서 박 씨를 쏘아보았다.

"인색할 거 없잖아요? 남도 아닌데……."

며느리 박 씨의 계속되는 말에 인충국은 가슴이 콱 막히는 것 같았다. 인전묵은 기어이 쌀을 두 가마니나 가지고 나갔다.

'음탕한 계집이 대놓고 간부 역성을 드는구나.'

인충국은 피를 토하고 싶은 심정이었다.

'간음하는 것을 알고도 집안 망신이라 모르는 체했는데……'

인충국은 인전묵의 역성을 드는 박 씨에게 분노했다.

'연놈을 살려두면 안 되겠어. 저놈들이 우리 집안을 망치고 있어.'

인전묵은 주인 행세까지 하고 있었다. 그러나 인충국 자신은 늙었고 아들 인방신은 허약했다.

지난번에는 인전묵과 며느리 박 씨가 간음하는 현장을 잡았다. 인충국이 아들 인방신과 함께 빈방의 문을 열어젖히자 두 연놈이 발가벗고 뒤엉켜 있었다.

"이놈! 네 어머니 모시고 우리 집에서 나가거라."

인충국은 인전묵에게 호통을 쳤다.

"나가긴 왜 나가? 닥치고 있지 않으면 늙은이 모가지를 비틀어버릴 거야. 한주먹거리도 안 되는 늙은이가……"

인전묵이 눈을 부릅떴다. 인충국은 소름이 오싹 끼쳤다. 간음하는 현장을 잡았으니 때려죽여야 했다. 그러나 안하무인으로 사납게 대거리하는 인전묵에게 대항할 수 없었다. 아들 인방신도 어쩔 줄을 모르고 있었다. 인전묵은 도리어 잔뜩 성질을 내고 밖으로 나가고 며느리 박 씨도 황급히 옷을 챙겨 입은 뒤에 제 방으로 돌아갔다.

"저놈을 살려두어서는 안 된다."

인충국은 아들에게 은밀하게 말했다.

"기운으로 당할 수 없는데 어떻게 합니까?"

"기운으로 당할 수 없으면 계략을 써야지. 저놈이 술에 취할 때를 기다리자."

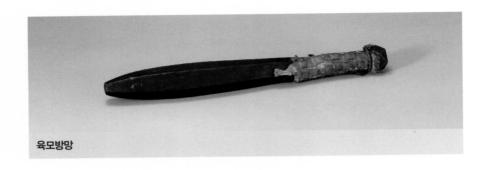

육모방망

　며칠 지나지 않아 인전묵이 인사불성으로 취해 돌아왔다. 인충국은 인전묵이 잠들자 아들 인방신과 함께 몽둥이를 들고 별채 방에 들어갔다. 인전묵은 대자로 뻗은 채 깊이 잠들어 있었다.

　"사정없이 내리 쳐라."

　인충국이 지시하자 인방신은 몽둥이로 인전묵을 내리쳤다. 인전묵이 비명을 지르면서 벌떡 일어나려고 하자 더욱 사납게 내리쳤다. 얼마나 몽둥이를 휘둘렀는지 알 수 없었다. 그렇게 사납던 인전묵이 비명조차 제대로 내지 못하고 흠씬 두들겨 맞고 있는 신세가 됐다. 인방신은 무뢰배도 별 것이 아니라고 생각했다. 사람들이 웅성거리면서 몰려오자 인방신은 비로소 몽둥이질을 멈추었다.

　"죽었느냐?"

　인충국이 물었다.

　"아직 숨은 붙어 있는 것 같습니다."

　인방신이 두려운 표정으로 말했다. 인충국은 인방신과 방을 나왔다. 사람들이 모두 의아한 눈으로 그를 쳐다보고 있었다.

"인전묵이라는 놈은 악독한 놈이다. 다시는 악독한 짓을 못하게 내가 버릇을 고쳐놓았다. 누구도 이 문을 열지 말고 음식도 주지 마라. 문을 열어주는 자는 내 집에서 쫓아낼 것이다."

인충국이 눈을 부릅뜨고 단호하게 말했다. 인방신은 방문에 못질을 했다. 인전묵은 열흘 만에 숨이 끊어졌다.

인방신은 구류간에서 칼을 쓴 채 우두커니 앉아 있었다. 인전묵이 죽은 것은 잘된 일이었으나 아내가 그와 간통한 것을 생각하면 분해서 눈에 불이 일어나는 것 같았다. 용강 현감은 병으로 초검을 하지 못하고 이웃 고을인 삼화(三和) 현감이 초검을 하고 함종(咸從) 현감이 복검을 했다.

"구타를 당하여 죽은 것이 전혀 의심할 것 없으니, 인방신이 정범(正犯)임이 확실하다고 할 만하다. 박녀(朴女)의 정황을 철저히 캔 뒤에야 완전하게 판결할 수 있을 것이다. 인방신과 박녀는 형구(刑具)를 채워두고 용형(用刑)할 수 있는 때를 기다리라."

감영에서 관찰사가 영을 내렸다. 인방신은 살인자가 되고 박녀는 간음한 여자가 되어 옥에 갇혔다.

"이놈은 몽둥이에 맞아 죽은 것이 아니라 굶어 죽은 것입니다."

인충국이 펄펄 뛰면서 살인자가 아니라고 항변했다.

"굶어 죽었는데 온몸에 몽둥이로 맞은 상처가 있느냐?"

용감 현감은 인방신을 묶어서 형장을 때렸고 인방신은 인전묵이 자신의 아내와 간음을 했기 때문에 몽둥이로 때려죽였다고 자백했다.

"시어머니가 인색하고 모질었다."

인방신의 아내 박 씨는 형장에 끌려나와 오히려 시어머니를 비난했다.

"네 남편이 살인을 한 것이 틀림없느냐?"

"그렇습니다. 남편이 인전묵을 죽여서 동임이 고발한 것입니다."

아내는 자신이 간음한 것도 시어머니가 인색하고 남편이 모질어서 이루어진 일이라고 변명했다.

"간음한 곳에서 그 행위가 포착되었으니, 간부(奸夫)가 살해된 것이 비록 그 즉시는 아니었어도 따로 참작할 방도가 있다. 인방신 형제를 우선 정형(停刑, 형을 정지시키는 일)하라. 박녀는 음행을 한 것 외에 시어미를 자애롭지 못하다며 잘못으로 몰고 남편을 살인죄로 몰았으니, 각별히 엄하게 형문하여 철저히 캐내라."

평안도 관찰사가 영을 내렸다. 그러나 새로운 관찰사로 정창성이 부임하면서 사건이 달라졌다. 새 관찰사 정창성은 인방신을 살인자가 틀림없다고 주장하여 그를 옥에 가두고 신문했다. 용강현에서는 여러 사람이 감영에 정소(呈訴, 탄원서)를 올렸으나 정창성은 받아들이지 않았다.

"살옥(殺獄)은 체모가 중하니 우선 번거롭게 정소하지 말라."

용강 현감이 인방신이 억울하다고 정소를 올렸다.

"박녀의 더러운 행실과 인방신의 억울한 정상은 미루어 알 수 있지만 국법이 지엄하니 참작하여 용서하기 어렵다."

정창성은 인방신이 살인을 했으니 상명의 법으로 처리할 것이라고 했다.

'상명의 법이라면 목숨을 목숨으로 갚으라는 말이 아닌가?'

인방신은 정창성의 말에 괴로웠다. 그것은 사형을 선고할 수도 있다는 말이었다. 그러나 그자는 간통을 한 자였고 가정을 파괴한 자였다. 그자를 죽인 뒤에 간을 씹어 먹어도 통쾌하지 않을 것 같았다.

'그놈은 죽어 마땅해.'

인방신은 인전묵의 얼굴이 떠오르자 분노했다. 친척이라고 집에 들어왔을 때부터 아내 박녀에게 아주머니 어쩌고 하면서 추파를 던지더니 어깨를 감싸 안고 엉덩이를 은근슬쩍 만지고는 했다. 처음에는 기겁을 하고 놀라던 아내가 "아유, 왜 이래?" 하면서 교태를 부리더니 마침내는 둘이 뒤엉켜 추잡한 소문을 뿌렸다.

"형씨도 참, 하하. 사내구실도 못하는 주제에…….."

인전묵은 인방신을 볼 때마다 가소롭다는 듯이 비웃었다. 인방신이 더욱 괴로웠던 것은 아내와 인전묵과의 관계를 집안 식구들이 모두 알게 되었다는 사실이었다.

'음탕한 년!'

인방신은 아내에게 더욱 화가 났다. 아내는 인전묵이 서방이라도 되듯이 교태를 부렸고 인방신을 노골적으로 경멸했다.

"깊은 밤에 찾아가 잠이 든 인전묵을 몽둥이로 잔인하게 구타하여 살해했으니 율문에 따라 일률로 다스리는 것이 옳다."

평안도 감영에서 열린 일심에서 인방신에게 사형을 선고했고 이를 형조에 보고했다.

'간부를 죽였는데 내가 사형을 당해야 한다는 말인가?'

인방신은 사형이 선고되자 허망했다.

해가 바뀌어 1789년이 되었다. 정조의 어가(御駕, 임금이 타던 수레)가 창덕궁을 나와 종로로 행차하고 있을 때였다. 요란한 징소리가 울리면서 구경하러 나와 있던 군중들이 일제히 양쪽으로 갈라섰다. 징을 치고 있는 사람은 늙수그레한 사내였다.

"멈춰라."

정조가 징소리를 듣고 명을 내렸다. 신문고가 폐지되면서 억울한 일이 있을 때 임금의 행차를 막고 호소하는 격쟁(擊錚)이라는 제도였다.

"징을 친 자를 데리고 오라."

정조가 명을 내리자 내시들이 달려가 노인을 데리고 왔다.

노인이 정조를 향해 넙죽 절을 했다. 징을 친 사람이 노인이라는 것을 안 정조의 낯빛이 흐려졌다.

"노인은 어디 사는 누구인가?"

"소인은 평안도 용강에서 왔고 이름은 인충국입니다."

"무슨 일로 징을 쳤는가?"

"소인은 갈 곳 없는 먼 족속인 인전묵이 모친을 데리고 와서 의탁하게 해달라고 하여 인전묵이 무뢰한인 것을 알고도 10촌 족속이고 사정이 딱해 집에 머물게 해주었습니다. 그런데 인전묵은 일도 하지 않았고 무뢰한 짓을 일삼아 집안사람 모두의 공분을 샀습니다. 안하무인으로 지내더니 급기야 인방신의 아내와 간통하기에 이르렀습니다."

"인방신이 누구인가?"

"소인의 미거한 아들입니다."

"간통하는 것을 직접 보았는가?"

"예. 빈 방의 포대 위에서 박녀(朴女)와 간통하는 것을 아들과 함께 보았습니다. 그 자리에서 간통하는 놈을 때려죽여야 했으나 소인은 늙고 아들은 병약하여 호통만 쳤습니다. 놈은 사납게 눈알을 부라리면서 언젠가 소인 부자를 죽이고야 말겠다며 도리어 위협했습니다. 소인은 노모를 데리고 떠나라고 요구한 뒤에 아랫것들에게 음식을 주지 말라고 했습니다. 그런데 열흘 후에 인전묵이 죽었습니다. 허나 감영에서는 아들을 사형에 처하려고 합니다."

인충국은 인전묵이 굶어 죽었다고 주장했다.

"격쟁하는 말은 잘 들었다. 저 자를 일단 옥에 가두어라."

정조가 냉정하게 잘라 말했다. 인충국은 정조의 말에 어리둥절했으나 머리를 깊숙이 조아렸다.

정조는 종루를 행차할 때 격쟁한 인충국의 상언과 평안도에서 올라온 인방신의 옥사에 대한 계사를 낱낱이 살폈다. 격쟁을 했을 때 인충국이 진술한 내용은 기사관들이 기록했기 때문에 되짚어보면서 살필 수 있었다.

〈평안도 용강 인방신의 옥사사건. 인방신의 아내인 박 여인이 자신의 족속인 인전묵과 몰래 간통하자 몽둥이로 인전묵을 때려 9일 만에 죽게 한 사건이다. 상처는 무릎과 두 다리가 자적색이고 살갗이 벗겨졌으며 엄지손가락뼈가 드러났다. 실인은 피타사(被打死)다.〉

정조는 평안도 관찰사 정창성의 제사(題辭)를 읽으면서 혀를 찼다.

"근래에 일을 등한히 대응하려고 하지 않았는데, 이 문안을 보니 입을 다물고 있기가 어렵다. 관찰사의 일이 어찌 한심하지 않은가. 그 직임은 사방을 복종시켜 왕명을 널리 펴는 것이고, 본 사건은 강상(綱常)에 관계되는 일인데, 이것이 과연 흐리멍덩하게 제사하여 번거롭게 호소하지 말라고 할 일인가. 하물며 치마를 잡아당기거나 마주 앉아 밥을 먹은 일은 간통하는 현장을 잡은 것과는 비교가 안 되어 오히려 도백이 상주한 즉시 죄수를 놓아주라고 하신 선왕조의 수교(受敎)가 일월과 같이 분명하니, 어찌 보통 법조문과 비교할 수 있겠는가."

정조는 인방신 사건을 보고한 관찰사 정창성을 맹렬하게 비난했다. 인방신 사건이 간통사건인데 살인사건으로 다루고 있다고 비난한 것이다.

"한쪽의 말을 그대로 믿기 어려우나 이번 봄에 작성된 감영의 제사를 보면 박 여인의 음란한 행실이 이번만이 아님을 알 수 있다. 그뿐만 아니라 인방신이 간통 현장을 목격하고서도 감히 그 자리에서 때려죽이지 못한 것은 비록 나이가 어리고 힘이 약하여 게를 잡다가 둑을 무너뜨리는 꼴을 면하지 못했지만, 치마를 당기거나 마주 앉아 밥을 먹은 것과 비교할 때 단지 열 배 백 배라고 해도 불가한데, 뒤에서 다리를 때린 것으로 기물의 대소나 범행 정도의 경중을 따지지도 않고, 간부가 죽었다고 어찌 옥사가 성립될 수 있겠는가. 인방신 부자가 함께 박 여인을 죽이지 않았다는 것은 구구절절 말 같지 않아서 여기서는 놔두겠다."

정조는 살인자들이 오히려 간통한 피해자에게 복수를 하지 않은 것을 나무라고 있다. 불의한 일을 보고 잠자코 있는 것도 불의라는 의미다.

"박 여인이 시어머니가 자애롭지 못하다고 거짓말을 하고, 지아비가 죄 없는 사람을 죽였다고 무고한 것은 강상으로 볼 때 어떠한가. 그러니 본죄 이외에 이 한 조항만을 가지고 말하더라도 죽여도 아까울 것이 없다고 하겠다.”

간통한 박 여인은 시어머니를 비난했고 남편이 살인자라고 주장했다. 여자는 남편을 고발하지 못하고, 시부모를 비난하지 못한다는《대명률》강상의 죄를 위반했다는 것이다.

“그런데 수령은 이를 예삿일로 보고 도백은 잡범처럼 취급했으니, 그렇다면 선왕조의 수교를 준수하지 않으려는 것인가. 며느리가 시어미를 무고한 죄가 반좌율이 되지 않으며, 아내가 남편을 무고해도 아무 탈이 없다는 것인가. 간통 현장에서 붙잡혔는데도 간부와 음녀(淫女)가 마땅한 형을 요행히 면한단 말인가. 이 가운데 한 가지만 해당되더라도 잘못이 적지 않을 터인데 아울러 직임(職任)을 빠뜨린 단서가 이렇게 많다. 해당 도백을 우선 본조에서 공함(公緘)을 보내 공초를 받아 아뢰고, 당초에 보고하지 않은 도백 또한 지명하여 현고(現告)할 것이며, 옥사를 성안한 검관(檢官)과 한마디 말도 언급하지 않은 본읍 수령을 모두 파직시킨 뒤 해당 부에서 잡아다 심문하고 엄중히 다스림으로써 한편으로는 수교를 준수하고, 한편으로는 풍속의 교화를 드높이라.”

관찰사와 해당 수령은 법리를 잘못 해석하여 정조로부터 파직당한 것이다.

“인방신은 즉시 방면하고, 박 여인은 추관에게 엄하게 신칙해서 예사로 하지 말고 각별히 엄하게 형신하여 공초를 받아 그대로 결안(結案)을 만들어 격식을 갖춰 장문하게 한 후 품지하여 처리하라.“

정조가 판부를 내렸다.

평안도는 즉시 인방신의 옥사에 대해서 조사한 내용을 보고했다.

형신
조선시대 신문의 한 방법으로 죄인의 정강이를 때리며 캐묻는 방식이다.

"격쟁인인 인방신의 아비를 치죄한 후 방면하도록 분부하라."

정조는 인충국까지 벌을 주게 했다.

"음탕한 여인의 옥안이 결말이 나기를 기다려 억울한 지아비가 잘못 죄에 걸린 것을 비로소 풀려고 했는데, 옥중에서 멋대로 음란한 행위를 한 자들은 죄수이건 옥졸이건 모두 다 지아비들로서 바야흐로 즐거움에 도취해 있는데 무슨 마음으로 실토를 하였겠는가. 하물며 장계의 제사에 이미 '대체가 중하다' 하고서 곧바로 '호소하지 말라'고 했으니, 한 구절 내의 말이 앞뒤가 맞지 않는다. 이 도신은 일을 처리할 때 말을 함부로 하는 것이 그 본래 가지고 있는 병통임을 잘 아는데, 한 도를 안찰(按察)하는 직임에 있으면서도 위임받은 풍교(風教)를 이렇게 소홀히 하니 관례에 따라 조율하는 것으로 그쳐서는 안되겠다. 우선 월봉삼등(越俸三等)하고, 이후에는 각별히 명심하여 분발함으로써 혹시라도 전과 같이 경솔한 일이 없게 엄중히 신칙하도록 행회하라."

정조는 평안도 관찰사의 봉급을 3개월 감봉 처분했다.

평안도 용강에서 발생한 인방신 옥사는 단순한 살인사건이 아니라 가정을 파괴한 사건이었다. 갈 곳 없는 먼 친척을 집에 들어와 살게 해주었으나 젊은 주인의 아내를 간통하고 가장을 위협하는 등 무뢰한 짓을 서슴지 않았다. 이를 견디지 못한 인방신이 무뢰한인 인전묵을 몽둥이로 때려죽였다. 대명률 간음조에는 간부(奸夫)나 간부(奸婦)를 현장에서 살해하거나 일정한 기한 내에 살해하면 무죄로 석방했다.

임금의 명은 때때로 법이 되기도 한다. 《대명률》이나 속대전에 정해진 법이 없으면 임금이 대신들의 의견이나 옛날의 고사를 들어 판결을 하는데 지금으로 말하면 대법원 판례와 같은 효과가 있었다. 정조가 수교를 무시해도 되느냐고 질책하는 것은 수교가 선왕들의 판결집이기 때문이다.

"나주의 정태욱이 출타하였다가 집으로 돌아오니 어린아이만 방에서 울고 처는 집에 있지 않았는데 이웃집의 삼문이라는 사내와 밥을 같이 먹고 있으므로 정태욱이 삼문을 꾸짖자 삼문이 칼을 들고 달려들어 돌로 때려죽였습니다. 한 방에서 밥을 같이 먹었으니 어찌 간음한 것이 아니겠습니까? 율을 감형하여 유배를 보냈으나 석방하는 것이 어떻겠습니까? 형조판서가 아뢰자 영조는 이러한 사건은 도에서부터 불문에 붙여야 한다. 앞으로는 옥사를 이루지 말라고 명을 내렸다."

《수교정례(受教定例)》, 《율례요람(律例要覽)》에 있는 기록으로 임금의 영이 판례가 되어 이후에 발생한 사건에 영향을 미친다. 《수교집록》과 《수교정례》는 모두 임금의 영이 판례가 된 기록이다.

용감 현감과 평안도 관찰사는 이 사건을 평범한 살인사건으로 처리하려다가 정조에게 호된 질책을 받은 것이다.

조선의 향촌사회는 집성촌이 많기 때문에 근친상간이 많았다. 일가이기 때문에 내외를 하지 않고 이야기를 주고받고 은밀하게 사랑을 나눌 수 있었던 것이다.

6장

여자가 한을
품으면 오뉴월에
서리가 내린다

황주 처녀 김근연

살인사건은 누가 일으키는가. 우리는 살인자를 말할 때 남자의 얼굴을 먼저 떠올린다. 그러나 살인을 저지르는 사람들 중에는 여자가 적지 않고 심지어 연쇄살인마 중에도 여자가 있다. 조선시대에도 여자가 살인사건을 저지른 일이 있다. 조선시대 여자의 살인사건은 대개 간음, 정조(貞操), 본처와 첩과의 투기로 발생되는 경우가 많았다.

"세종 17년 6월 5일 자식을 죽인 양녀 복향의 처벌 문제를 의논하다."

이는 세종실록의 기록으로 복향이라는 여자가 간부와 사랑에 빠져서 한 살된 젖먹이 아기를 죽인 사건이다.

"영동(永同)의 죄수 장흥고(長興庫)의 계집종 검덕(檢德)이 죽은 간부 막산(莫山)과 더불어 공모하여 본남편을 살해한 죄는, 율(律)이 능지처사(凌遲處死)에 해당하고……."

이는 성종 때 일어난 살인사건으로 검덕이 간부와 함께 본남편을 살해한 사건이다.

"전라도 강진현에 사는 은애라는 여인이 살인한 죄에 대해 의논하다."

이는 정조 때 김은애가 자신의 정절을 더럽힌 노파를 살해한 사건으로 정조(貞操)가 살인의 동기가 되었다. 조선시대 내내 정조 때문에 살인을 하거나 자살한 여인들이 등장하는데 자진하면 열녀나 절부가 되고 복수를 하면 의열하다고 칭송한다.

서력 1743년 영조 19년. 황해도 황주읍에서 동쪽으로 떨어진 십리평 너른 들에는 봄이 한창이었다. 집집마다 살구꽃 복사꽃이 흐드러지게 피고 햇살이 솜털처럼 부드러웠다. 겨우 내내 얼어붙었던 땅이 녹자 마늘밭에서 마늘이 싹을 틔우고 보리밭에는 보리가 푸르게 웃자랐다. 덕월산에서 흘러내리는 황주천은 구불구불 논밭을 가로지르다가 읍내를 관통하고 있었다. 냇가의 수양버들이 연둣빛으로 하늘거리고 있었다.

황주 읍민 김취흥(金就興)은 황주의 명승이라는 월파루를 구경하기 위해 냇둑을 따라 느릿느릿 행보를 하다가 멈춰 섰다. 월파루 쪽에서 내려오던 두 처녀가 김취흥을 발견하고 길옆에 비켜서서 다소곳이 고개를 숙이는데 그중 한 처녀와 눈이 마주치자 가슴이 쿵 하고 울렸다.

'하아, 저 계집이 제법 미색이 있구나.'

영조 어진

김취홍은 다시 걸음을 놓으면서 가슴이 뛰는 것을 느꼈다. 계집이라면 혼인한 부인도 있고 기생집에도 출입하여 모르는 바가 아니었다. 그러나 아무리 분단장을 하고 화려한 비단 옷을 입고 있다고 해도 냇둑에서 마주친 처녀와는 비교가 되지 않는 것 같았다.

'저런 계집을 어디서 다시 만나겠는가?'

뒤를 돌아보자 처녀들은 산나물을 뜯어오는지 바구니를 옆구리에 끼고 있었다. 김취홍은 월파루로 올라가는 것을 포기하고 천천히 그들을 따라 걸었다. 그들은 재잘대며 보리밭의 이랑 사이를 나란히 걷다가 마을 어귀에서 각자 갈라져 갔다. 김취홍은 흰색 저고리에 검정 치마를 입은 처녀를 따라갔다. 옷은 허름했으나 처녀가 깨끗이 빨아 입었는지 차림새가 단정했다.

'농사꾼 딸인가?'

처녀의 집은 싸리 울타리로 둘러싸여 있는 초가집이었다. 한참을 서성거리고 있는데 갓을 쓴 사내가 나오는 것이 보였다. 나이로 보아 얼추 처녀의 아버지로 보였다. 김취홍은 다른 집으로 가는 체했다. 사내의 옷차림이 허름한 것으로 보아 집안이 궁색해 보였다.

"저 집은 누구네 집인가?"

한 식경이 지나서 지게를 지고 가는 장정이 있어서 물었다.

"저 댁이요? 김진사 댁입니다."

지게꾼이 휘휘 둘러보고 대답했다

"진사시에 급제한 어른인가?"

"그건 아니옵고 선친께서 급제하셨습지요."

처녀의 아버지는 과거에 급제하지 않았으니 가난한 향반에 지나지 않는 것이다.

"과년한 딸이 있는 것 같은데……."

"예. 아가씨는 인물도 좋고 성품도 얌전하지만 가세가 기울어 혼기를 놓쳤습니다. 중매를 하시게요?"

"자네는 모른 척하게. 잘못되면 일이 그릇되네."

"아유, 염려 마십시오. 소인 팔봉이 입을 꾹 다물고 있겠습니다."

지게를 진 팔봉이 몇 번이나 머리를 조아리고 물러갔다.

김취홍은 하릴없이 처녀의 집 앞을 오락가락했다. 처녀는 좀처럼 집에서 나오지 않았다.

'처녀와 어떻게 연을 맺지?'

김취홍은 처녀와 연을 맺고 싶어 안달이 났다. 해가 기울 무렵이 되었을 때에야 처녀는 방에서 나와 부엌으로 들어갔다. 저녁을 짓고 있는 듯 굴뚝에서 파랗게 연기가 피어오르고 있었고 우물로 물을 길러 가는 처녀가 보였다. 우물은 집 뒤의 낮은 언덕 아래에 있었다. 김취홍은 처녀가 물을 길어서 돌아오는 길목에 모른 체하고 섰다. 처녀가 깜짝 놀란 표정으로 눈을 크게 뜨고 간신히 길 한쪽으로 비켜섰다. 그러나 물동이를 이고 있었기 때문에 고개를 숙이지는 못했다.

'아, 참으로 예쁜 계집이다.'

김취홍은 가슴이 울렁거렸다. 놀라서 크게 떠진 처녀의 눈이 마치 까맣게 반짝이는 보석 같았다. 그는 술 한 모금 안 마셨는데도 순식간에 독한 술에 취한 듯 몽롱해졌다. 말 한마디 못 건네고 비틀대는 걸음으로 집으로 돌아왔으나 처녀의 얼굴이 자꾸 눈에 어른거렸다. 그날 이후 밤에도 잠이 오지 않아

뜬눈으로 지새우는 일이 많았다. 김취흥은 친구를 만나 고민을 털어놓았다.

"처녀 하나 때문에 무슨 고민을 그렇게 하는가?"

친구가 껄껄대고 웃으면서 말했다.

"무슨 방법이 있는가?"

"처녀에게 장가를 들면 되지 무슨 걱정인가?"

"나는 이미 장가를 갔는데 무슨 소리야?"

"총각인 체하면서 가면 될 게 아닌가? 첫날밤을 치르면 도망도 못가고 파혼할 수도 없을 걸세. 그때 사정을 이야기하고 소실로 삼아버리게. 이미 아궁이에 불은 땠는데 어떻게 하겠나?"

김취흥의 친구가 껄껄대고 웃음을 터뜨렸다.

김근연(金近年)은 우물에서 물을 길어오다가 멀리 읍성 쪽을 바라보았다. 이제 얼마 있지 않으면 황주 읍내로 시집을 가게 된다. 신랑은 김취흥이라는 사내로 읍내에서 부유하게 사는 양반이라고 했다. 중매를 하는 사내를 통해 사주단자가 오가고 혼인하는 날까지 잡았다.

'내가 이제 시집을 가는구나.'

아버지로부터 혼인이 결정되었다는 말을 듣고 근연은 가슴이 뛰는 것을 느꼈다. 신랑 될 남자를 머릿속에 가만히 그리기만 해도 얼굴이 화끈거렸다. 자신도 모르게 웃음이 나고 얼굴에 분단장까지 하게 되었다.

"이제 혼인할 날이 얼마 남지 않았으니 몸가짐을 더욱 단정하게 해라."

사주단자
국립중앙박물관 소장

혼인을 정하고 신랑집에서 신부집으로 신랑이 출생한 연(年), 월(月), 일(日), 시(時)의 사주를 적어서 보내는 간지(簡紙).

아버지는 그녀를 볼 때마다 당부했다.

'어떻게 해야 몸가짐을 단정하게 하는 거지?'

근연은 아버지의 말에 다소곳이 답하면서도 행동을 어찌해야 할지 알 수 없었다. 열녀나 절부에 대한 이야기는 귀가 따갑게 들었다. 그러나 평범한 그녀가 열녀나 절부가 될 일은 없었다. 그래서 평소처럼 남자들과 눈을 마주치거나 말을 하지 않았고 되도록 집밖으로 나가지 않았다.

"어떻게 하나? 이제 우리 근연이도 시집을 가니……."

"집안이 벌족하다고 우리를 무시하는 것은 아니겠지?"

이웃에 사는 사촌 오라버니들이 자주 찾아와 농을 하고는 했다. 벌족은 벼슬한 사람이 많고 부유한 집이 많은 가문을 일컫는다.

140

"오라버니들이 나를 자꾸 놀리면 정말 상대도 하지 않을 거예요."

"그동안 마음고생이 심했지. 스무 살이 되도록 시집을 못 갔으니……."

"매제한테 놀러나 가볼까? 처사촌에게 술 한 잔은 주겠지."

"그러지 말아요. 시집도 안 가서 친정붙이가 드나들면 좋아하겠어요?"

"요것 봐라. 시집가기도 전에 벌써 시댁 역성을 드는 것이냐?"

"누가 역성을 들어요. 책잡히고 싶지 않은 것뿐이에요."

근연은 얼굴이 붉어져 문을 닫아버렸다.

"내 반드시 매제에게 술 한 잔 얻어먹을 거다. 술을 안 주면 내 동생 시집 안 보내겠다고 할 거다."

사촌 오라버니 근배가 소리를 질렀다

'저 구변쟁이 오라버니가 무슨 사고를 치고 말지.'

근연은 공연히 걱정이 되었다. 근배는 나이가 서른 살이 넘었는데 과거에 급제하지 못하고 말만 청산유수로 잘하여 별호가 구변쟁이였다.

'내 신랑은 어떤 사람일까?'

근연은 하루에도 몇 번씩 신랑의 얼굴을 상상해보고는 했다.

"그런데 희한한 일이 다 있네."

며칠 뒤, 사촌 오라버니 근배가 마당을 서성이면서 고개를 절레절레 흔들었다.

"무슨 일인데 그러냐?"

아버지가 툇마루에 나와 앉았다.

"작은아버지. 근연이 신랑 될 제목이 읍내 배나뭇골 김취홍이라고 그랬잖아요?"

"그랬지."

"그런데 이상하단 말이에요. 배나뭇골에 김취홍이라는 사람이 하나 있는데 혼인을 한 사람이에요."

"잘못 알았겠지."

"그래서 중매쟁이를 한번 찾아가 보려고요."

"그래. 얼른 가봐라."

아버지가 얼굴을 찡그리고 손을 내저었다. 근연은 어쩐지 불길한 예감이 들었다.

김취홍은 김근연 쪽에서 퇴혼(退婚)을 전하자 눈에서 불을 뿜었다. 이미 사주단자까지 오가고 길일까지 잡았는데 갑자기 퇴혼을 선언한 것이다.

"혼인을 하고도 중혼을 하려고 했으니 이는 사기요, 간음죄다."

처녀의 사촌 오라버니 김근배가 펄쩍 뛰었다. 그는 황주목에 고발하겠다고 사람들 모인 데서 소리를 질렀다.

"소실로 맞아들이는데 무슨 중혼이냐?"

김취홍은 당황하여 우물쭈물했다.

"누가 소실로 시집을 보낸다고 했느냐?"

"공연히 나에게 돈을 뜯어내려는 수작 아니냐?"

"너 같으면 네 여동생을 첩으로 시집보내겠느냐?"

김근배는 구변쟁이라는 별호에 어울리게 말을 잘했다. 결국 퇴혼을 받아들일 수밖에 없었고 김취홍은 황주읍에서 사기꾼이 되고 말았다.

'계집은 건드려보지도 못하고 이게 무슨 개망신인가?'

김취홍은 생각할수록 화가 나서 참을 수가 없었다.

'아아, 감히 나에게 사기를 치려고 하다니…….'

김근연은 혼인 사기를 당했다는 사실에 눈앞이 캄캄했다. 몇 달 동안 혼인의 꿈에 부풀어 있던 일이 물거품처럼 흩어진 것이다.

김취홍은 김근연의 마을로 가서 기웃거리기 시작했다.

'내가 이대로 물러나지 않을 것이다.'

김취홍은 김근연이 혼자 있는 틈을 타서 겁간하려고 방으로 뛰어들어갔다.

"누구요?"

김근연이 수를 놓고 있다가 놀라서 그를 쳐다보았다.

"내가 네 서방 김취홍이다."

"닥치시오."

김근연은 김취홍이 자신의 집까지 찾아왔다는 사실에 경악했다.

"오늘 너를 내 계집으로 만들 것이다."

김취홍이 김근연에게 달려들어 쓰러뜨리고 옷을 벗기려고 했으나 근연이 맹렬하게 저항했다.

"가만있어, 이것아. 저항해 봤자 소용없어."

"물러가시오."

"내가 왜 물러가? 흐흐, 사내 맛을 보면 그런 소리가 입에서 나오지 않을 거야."

"이 천하에 악독한 놈."

김근연이 발길로 마구 내지르고 방에 있던 칼을 뽑아들었다.

"네가 정녕 살고 싶으냐? 죽고 싶은 것이냐?"

김근연의 눈에서 파랗게 독기가 뿜어졌다. 김취홍은 혼비백산하여 달아나고 말았다. 김근연은 비로소 안도의 한숨을 내쉬고 방바닥에 주저앉았다.

"김취홍을 고발해야 돼요."

김근연은 아버지와 어머니가 돌아오자 김취홍이 쳐들어와 겁간하려고 했던 일을 이야기했다.

"안 된다. 너는 이미 퇴혼을 해서 소문이 좋지 않다. 이런 일까지 소문이 나면 누가 너를 데려가려고 하겠느냐?"

아버지가 고발하는 것을 반대했다. 김근연은 부모의 반대로 김취홍을 고발할 수 없었다. 김취홍에게 농락당한 일이 분했으나 어쩔 수가 없었다. 구변쟁이인 사촌 오라버니 김근배도 마땅한 대책을 떠올리지 못했다. 그런데 김취홍이란 자가 악의적인 소문을 퍼뜨리기 시작했다.

"근연은 내가 이미 간통했다. 근연은 이제 내 계집이다."

김취홍은 겁간하려다가 실패했는데도 간통했다고 주장했다. 김근연이 아무리 아니라고 해도 소용이 없었다. 마을 사람들이 뒤에서 수군거리는 것을 보고 김근연은 하늘이 무너지는 것처럼 절망했다.

김근연은 월파루 쪽으로 느릿느릿 걸음을 떼어놓았다. 불과 몇 달 만에 그녀는 혼기를 놓친 과년한 처녀에서, 퇴혼한 처녀로, 퇴혼한 처녀에서 간통한 처녀로 낙인이 찍히고 말았다. 그녀가 아무리 간통한 일이 없다고 해도 김취홍이 간통을 했다고 주장하여 소문이 걷잡을 수 없이 번졌다.

'아아, 어찌 이와 같이 악독한 인간이 있는가?'

김근연은 김취홍을 생각하자 비통했다. 당장 달려가서 요절을 내고 싶었으나 여자의 몸이라 어쩔 수가 없었다.

'하늘이 저런 놈에게 벌을 내리지 않으니 내가 죽으리라.'

김근연은 모질게 결심했다. 덕월산에서 흘러내리는 황주천은 장마가 지면서 수량이 풍부했다. 원래부터 붉은 물이 흘러내려 황주천, 황강이라고 부르는 내린천이었다. 내린천을 따라 중턱까지 걸어 올라가자 깎아지른 절벽 위에 월파루가 나오고 월파루 아래 절벽에는 '황강적벽'이라는 글자가 씌어 있었다. 월파루 옆에는 폭포가 장쾌하게 물을 쏟아 놓고 있었다. 소(沼)에는 붉은 물이 소용돌이치고 있었다. 근연은 월파루 난간에 앉아서 소용돌이치는 붉은 물을 하염없이 내려다보았다. 원래는 신랑과 함께 도란도란 이야기를 나누면서 오르고 싶었던 월파루였다.

　'욕되게 사느니 죽자.'

　김근연은 월파루에서 소를 향해 뛰어내렸다. 그러나 나무를 하러 올라왔던 마을 사람 팔봉이 이를 보고 구했다.

　'아아, 죽는 것도 뜻대로 되지 않는구나.'

　김근연은 입술을 깨물었다. 그런데도 김취홍은 여전히 자신이 근연과 간통했노라고 소문을 퍼뜨려 더욱 울분이 터졌다.

　'내가 이 원수를 용서하지 않을 것이다.'

　김근연은 눈을 부릅떴다. 그녀는 가족들이 집에 없을 때 아버지의 옷을 입고 김취홍을 찾아갔다. 남장을 했기 때문에 김취홍은 그녀를 알아보지 못했다. 김취홍이 사랑으로 청하여 앉기를 권했을 때 김근연이 소매 안에서 칼을 뽑아들었다. 한 자가 조금 넘는 칼이었다. 칼집에서 칼이 나오자 얼음가루가 날릴 것 같은 차가운 기운이 주변 공기를 얼렸다.

　"왜, 왜 이러는 거요?"

　김취홍은 사색이 되었다. 얼굴이 하얗게 되어 뒤로 물러섰다.

"음적아, 네놈을 죽이러 왔다."

김근연은 김취홍에게 달려들면서 칼을 휘둘렀다. 김취홍이 처절한 비명을 지르고 피가 왈칵 뿜어진 것은 거의 동시의 일이었다. 김근연은 김취홍을 향해 무수히 난도질을 했다. 그녀의 절조(절개와 지조)를 더럽히고 인생을 망친 자였다. 김취홍은 피투성이가 되어 죽었다.

황주 목사는 김취홍이 죽어 있는 것을 보고 몸을 부르르 떨었다. 김취홍은 전신 수십 군데가 칼에 찔리거나 베어져 있었고 방바닥은 자상에서 흘러내린 피로 흥건했기 때문이다.

'대체 무슨 원한이 있어서 이렇게 잔인하게 살해한 것인가?'

목사는 율관과 의관 오작인에게 검험하라는 지시를 하고 마당을 둘러보았다. 마당에는 온몸이 피에 젖은 젊은 선비가 칼 한 자루를 앞에 놓고 오연하게 앉아 있었다. 김취홍의 가족들은 울지도 못하고 얼굴이 하얗게 질려 있었다.

"죽은 사람과 가장 가까운 사람이 누군가?"

검험을 할 때에는 시친에게 상황을 묻는 것이 기본이다.

"소인입니다. 죽은 사람이 소인의 형님입니다."

김취홍의 동생 김취명이었다.

"어찌된 일인가?"

"아침에 한양에서 형님을 찾아왔다고 하여 사랑방으로 안내했더니 이런 일이 벌어졌습니다."

"저자가 흉수인가?"

"여자입니다."

"여자라고?"

목사는 그때서야 갓을 쓰고 마당에 단정하게 앉아 있는 자를 살폈다. 눈빛이 서늘했으나 크고 맑았으며 얼굴이 희고 입술이 봉긋했다.

"흉수인데 어찌 묶지 않았나?"

"목사님이 오기 전에는 자기 몸에 손을 대지 말라고 하는 바람에……. 기세가 여간 사납지 않았습니다."

목사는 나졸들을 거느리고 갓을 쓰고 앉아 있는 자에게 다가갔다. 가까이 다가가자 여자라는 느낌이 더욱 확실했다.

"네 이름이 무엇이냐?"

"성은 김이고 이름은 근연입니다."

"네 어찌 김취흥을 잔인하게 살해했느냐?"

"김취흥은 간악한 자로 양녀의 절조를 훼손했기 때문에 살해한 것입니다. 김취흥은 세 가지 죽을죄를 지었습니다."

"세 가지 죽을죄라니 그게 무슨 말인가?"

"김취흥은 부인이 있으면서 양녀에게 청혼을 하여 중혼을 하려고 했으니 그것이 첫 번째 죽을죄요, 퇴혼한 후에 양녀를 겁간하려고 했으니 두 번째 죽을죄요, 겁간에 실패한 뒤에도 양녀와 간통을 했다는 소문을 퍼뜨려 절조를 훼손했으니 세 번째 죽을죄입니다."

김근연의 막힘 없고 기운찬 말은 목사의 마음에 어떤 울림으로 다가오는 듯했다. 김취흥 살인사건은 황주 사람들을 경악하게 만들었다. 무엇보다 김근연이 자신의 아버지 옷을 입고 가서 김취흥을 살해했다는 사실에 놀라움을 금치 못했다. 황주 목사는 김근연이 살인한 사실을 모두 자복했기 때문에 그녀의 말을 입증하는 일에 수사의 초점을 맞췄다.

'김근연의 말이 모두 사실이구나.'

황주 목사는 사건을 황해도 감영으로 이첩했다. 황해도 관찰사 서명구는 사건을 철저하게 조사한 뒤에 형조 계본을 올렸다.

"살인에 대해 상명(償命)하는 것이 비록 율문에 실려 있으나, 절개를 세워 세상을 권장함은 왕자(王者)의 도리이니, 특별히 용서하도록 하라."

영조가 명을 내렸다. 김근연은 오히려 열녀가 되어 석방되었다.

조선시대 여자의 정조는 조선시대 지식인들의 정신세계를 관통하는 이념이었다. 조선은 왜 여자들의 정조를 중요하게 생각한 것일까. 여자의 정조는 선비들의 지조와 같았고 공자는 이를 충과 예로 형상화시켰다.

그대가 나를 사랑하다면	子惠思我
치마 걸어 올리고 진수(溱水)라도 건너가리라	褰裳涉溱
그대가 나를 사랑하지 않는다면	子不我思
세상에 사내가 그대뿐이랴	豈無他人
바보 멍청이 같은 사내여	狂童之狂也且.

| 그대가 나를 사랑한다면 | 子惠思我 |
| 치마 걸어 올리고 유수(洧水)라도 건너가리라 | 褰裳涉洧 |

그대가 나를 사랑하지 않는다면	子不我思
다른 사내도 없지 않은 것을	豈無他思
바보 멍청이 같은 사내여	狂童之狂也且

이 시는 《시경》〈정풍(鄭風)편〉에 나오는 〈건상(褰裳, 치마 걷어 올리고)〉이라는 노래이다. 공자는 이 노래를 임금이 백성을 사랑하면 백성은 목숨을 바칠 것이라는 뜻으로 해석하고 있다. 공자는 이처럼 단순한 사랑 노래를 임금과 백성의 사랑으로 바꾸었다. 임금이 백성을 아끼고 사랑하면 백성은 임금에게 충성을 바쳐야 한다고 가르친 것이다. 여자의 정조를 훼손하는 것은 조선을 지배하는 이념을 훼손하는 것이었기 때문에 엄중하게 처벌했다.

제3부 오살(誤殺)
오해 · 실수로 죽인 살인사건

오살

오살은 오해로 인하여 발생한 살인과 과실로 인하여 발생한 살인을 일컫는 것으로 명백한 살의가 없는 살인이다. 현대 감각으로 말하면 과실치사에 의한 살인이다. 조선시대에도 잘못 쏜 화살에 맞아 죽는 살인사건, 말발굽에 채어 죽는 살인사건, 부부싸움을 하다가 부인을 발로 차서 죽이는 살인사건 등 오살이 종종 일어났다. 오살은 가해자나 피해자가 지인이나 친척인 경우가 많고 대부분 화를 참지 못하고 일어난다. 오살에 의한 살인사건은 고의성이 없기 때문에 형벌도 가벼운 편이었다.

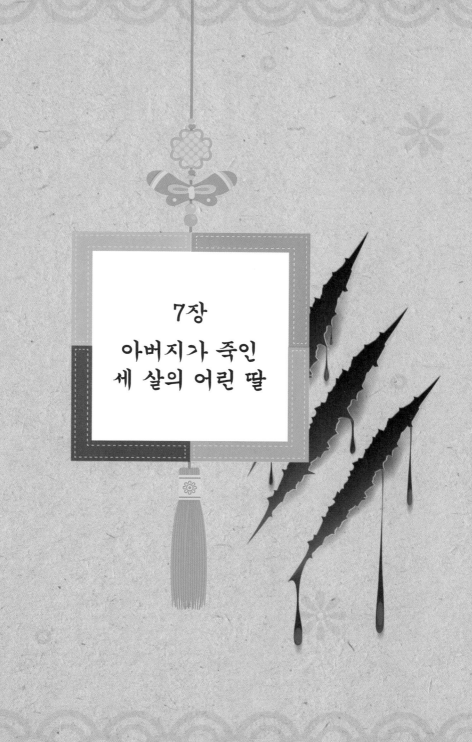

7장
아버지가 죽인
세 살의 어린 딸

사건 7

심리하는 재판관도 눈물을 흘린 사건

모든 살인사건이 참담하겠지만 특히 영유아 살인사건은 안타까움이 더 하다. 영유아는 스스로를 지킬 수 없기 때문에 누군가의 보호를 받는 것이 마땅하고 사회적 차원에서도 보호의 울타리가 마련되어야 한다. 그러나 조선시대에는 이러한 개념이 없었기 때문에 법적인 보호 조치는 존재하지 않았다. 어른들에게 방치된 영유아가 살인사건의 피해자가 되는 안타까운 일이 종종 있었다.

오살은 살의가 없는 살인사건, 과실에 의해 발생한다.《대명률》의 〈살가친존장(殺家親尊長)〉에는 "무릇 동생이 형이나 누나를 구타하여 살해한 자는 능지처사에 처한다"라고 되어 있다.《대명률》〈투구(鬪毆)조〉에는 부모의 뜻을 어긴 자식을 부모가 구타 살해했을 때는 장 100대에 처하고, 고의로 살해한 경우에는 장 60대를 내리고 도(徒刑, 죄인을 중노동에 종사시키던 형벌) 1년에 처하라고 되어 있다.

숙종 23년 한산(韓山, 지금의 청주) 사람 이상담(李尙譚)이 첩 의향의 말을 듣고 그 외손녀를 물에 빠트려 죽였다. 이상담은 한산의 품관(品官)이다. 의향에게 혹하여 제 두 딸에게 몹시 악독하게 굴었는데, 맏딸은 죽었는지 살았는지 모르고, 작은딸 준덕(俊德)은 제 아비에게서 달아나 상한(常漢, 평민)의 아내가 되었다. 의향이 이상담에게 당신 딸이 가문을 더럽혔다며 여러 가지로 속살거리니, 이상담이 노하여 외손녀 두 아이를 빠뜨려 죽이고, 제 딸과 사위도 아울러 죽이려다가 흉계를 수행하지 못하였다.

충청도 관찰사가 조사하여 아뢰었는데, 형조에서는 해당되는 율문이 없다 하여 대신에게 의논하기를 청하였다. 영의정 권대운, 좌의정 목내선은 수교(受敎)의 "아비가 아들을 죽이거나 형이 아우를 죽였으므로 정절(情節)이 매우 놀라운 자는 특별히 처단한다"는 글을 인용하여 이상담만을 논하여 일죄(一罪)로 견주고, 우의정 김덕원(金德遠)은 이상담이 흉악한 짓을 한 것은 실로 그 첩의 음모에서 비롯된 것이니 모두 법으로 처치하여야 한다고 아뢰었다.

"수교에 이미 '아비가 아들을 죽이거나 형이 아우를 죽인 것'이라 하였으니, 외조(外祖)가 외손을 죽인 것도 절로 미루어서 처치할 수 있다. 이처럼 지극히 흉악한 무리는 결코 《대명률》의 외손을 고살(故殺)한 데에 관한 글로 심상하게 처치할 수 없으니, 일죄로 처단하는 것은 결단코 그만둘 수 없고, 이상담이 악한 짓을 한 것이 오로지 그 첩의 조의에 말미암았다면, 우의정의 말 가운데에 '그 첩을 죄주지 않으면 음모를 꾸민 부분을 처벌해야 한다'는 주장이 십분 옳다. 또한 일죄로 논하여 처단하라."

숙종이 명을 내렸다. 형조에서 준덕은 관비로 삼고, 이상담은 옥중에서 병사하였으므로 정형(正刑)하지 못하고, 의향은 교형(絞刑)에 처하였다.

황해도 황주에 사는 이춘세(李春世)는 마을 사람 셋과 함께 술을 마셨다. 그중 두 사람이 이춘세를 희롱했다. 이춘세는 화가 나서 그들에게 달려들었으나 오히려 매를 맞고 말았다.

'나쁜 놈들. 왜 나를 때려?'

이춘세는 마을 장정들에게 얻어맞아 기분이 나빴다. 그러나 그들은 기운이 장사여서 그가 함부로 대들 수가 없었다. 집에 이르자 취기가 더욱 오르는 것 같았다.

'이 여편네는 어디로 간 거야?'

집안을 살폈으나 아내는 없고 세 아이들만 있었다. 세 살배기 딸은 잠이라도 자고 일어났는지 앙앙대고 울고 있었다.

"아이고, 우리 딸 왜 우는 거야?"

이춘세는 잔뜩 취했지만 어린 딸을 안아 달랬다. 두 아들을 낳은 뒤 얻은 딸이어서 평소에도 유난히 귀여워했었다.

"당신은 아들보다 딸이 좋아요?"

아내는 딸을 귀여워하는 이춘세를 보고 기뻐하고는 했다.

"그럼 우리 소련이는 하늘에서 내려온 선녀야."

"언제는 연꽃이라고 그러더니……."

"연꽃도 되고 선녀도 되지."

이춘세는 딸을 목말 태우고 방 안을 빙빙 돌았다. 딸은 그럴 때마다 까르르 웃음을 터뜨렸다.

그런데 오늘은 무엇 때문인지 자지러지게 울고 있었다.

"울지 마. 우리 딸……."

이춘세는 우는 딸을 어르고 달랬다. 세 살이라고 하지만 말도 잘하지 못하고 걸음도 뒤뚱거리고 걸었다.

"엄마 좀 찾아 와라. 애가 이렇게 우는데 어디를 간 거야?"

이춘세는 두 아들에게 말했다. 아이들이 밖으로 쪼르르 달려 나가자 딸도 더 이상 울지 않았다.

이춘세는 딸을 방에 앉혀 놓고 방바닥에 누웠다.

깜박 잠이 들었던 모양이었다. 얼마나 잠을 잤는지 알 수 없었다. 아이들이 왁자하게 떠드는 소리에 잠이 깬 이춘세는 신경이 곤두섰다.

아들 둘이 이리 뛰고 저리 뛰고 소리를 지르고 딸은 불이라도 난 듯 큰소리로 울고 있었다.

"시끄러!"

이춘세는 짜증이 나서 소리를 버럭 질렀다.

그러자 딸이 더욱 크게 울어댔다.

"으앙!"

"뚝 그치지 못해?"

이춘세는 그에게 걸어오면서 울어대는 딸의 뺨을 후려쳤다. 딸이 비명을 지르면서 나가 떨어졌다.

"……."

딸은 더욱 소리를 질러대고 울어야 했으나 이상하게 조용했다. 어린 딸을 때린 것이 미안하여 고개를 돌렸다가 돌아본 이춘세는 가슴이 철렁했다. 딸이 다듬잇돌에 머리를 댄 채 미동도 없었기 때문이다.

아버지가 딸을 살해했다.

'어찌 이런 일이…….'

황주 목사는 이춘세의 집에 이르러 방을 들여다보면서 가슴이 컥 하고 막히는 것을 느꼈다.

죽은 아이는 엄마가 안고 있었고 아이 둘은 큰소리로 울고 있었다.

이춘세의 집에는 소문을 들은 마을 사람들이 구름같이 몰려와 혀를 차거나 수군대고 있었다.

"아유, 무슨 애비가 자식을 죽여?"

"세 살짜리가 뭘 안다고 죽여?"

마을 아낙네들이 손가락질을 하면서 수군거렸다.

"시친은 모두 밖으로 나오고 율관, 약방, 오작인은 한 치의 소홀함도 없이 검험을 실시하라."

공주 동헌
동헌은 조선시대 지방 관아에서 고을의 원(員)이나 현감(縣監), 병사(兵使), 수사(水使), 감사(監司) 및 그 밖의 수령(守令)들이 주재하며 정무(政務)를 집행하고 공사(公事)를 처리하던 곳이다. 지방의 일반 행정 업무와 재판 등이 동헌에서 행하여졌는데, 지방 관아는 중앙에 담과 정문을 내어 각종 집무실과 창고를 두고 주변에는 객사·향교 등 부속 건물을 둔다.

목사는 관원들에게 명을 내렸다. 관원들이 눈이 퉁퉁 부어 있는 아이 엄마와 이춘세를 마당으로 끌고 나왔다.

시친에 대한 조사는 간단했다. 아이 엄마는 밭에서 일을 했고 이춘세는 외출을 하여 술을 마시고 돌아왔다. 이춘세는 아이들이 시끄럽게 떠들어서 큰아이를 때리고 작은아이를 방으로 데리고 들어오는데 딸이 밟혀 죽었다고 변명했다. 아이들은 큰아들이 열두 살, 작은아들이 아홉 살이라고 말했다. 목사는 이춘세가 거짓말을 하고 있다고 생각했다.

"얼굴이 붓고 뒤통수가 함몰되어 있습니다."

약방이 검험을 마치고 나와서 보고했다.

"무엇에 의한 함몰인가?"

"다듬잇돌에 부딪친 것 같습니다."

"다른 외상은 없나?"

"외상이 전혀 없습니다."

"독극물 검사도 했나?"

"은봉은 변하지 않았습니다."

목사는 잠시 생각에 잠겼다. 뺨이 부었다는 것은 뺨을 때렸다는 것이고, 뒤통수가 함몰되었다는 것은 아이가 다듬잇돌에 부딪쳐 두개골이 부서지고 피가 흘러내린 것이다. 다듬잇돌 밑에 낭자한 핏자국이 그 사실을 증명했다.

"삼겨린을 불러라."

목사는 향임에게 영을 내렸다. 향임이 삼겨린 세 사람을 데리고 왔다.

"이름이 무엇인가?"

"이름은 김석돌입니다."

"이춘세가 살인을 하는 것을 보았나?"

"사또, 이춘세는 살인을 할 사람이 아닙니다. 성격이 온순해서 파리 한 마리도 못 죽이는 사람입니다."

"아이들을 자주 때렸나?"

"아닙니다. 아이들을 귀여워해서 언제나 안아주고 업어주고 그랬습니다. 특히 딸은 눈에 넣어도 아프지 않다고 했습니다."

이춘세는 성품이 포악한 사람은 아닌 것 같았다. 그것은 다른 사람들의 간증도 마찬가지였다.

'이자는 실수로 딸을 죽인 것이구나.'

목사는 이춘세에게 조금 딱한 마음이 들었다.

"이제는 영별을 해야 하니 딸의 얼굴을 똑똑히 보게."

목사는 이춘세를 가까이 오게 하여 딸의 얼굴을 보게 했다. 영별은 영원히 이별을 한다는 뜻이다.

"아가……."

이춘세의 두 눈에서 눈물이 비 오듯이 흘러내렸다. 목사도 눈시울이 젖어 왔다.

황해도 관찰사는 황주에서 올라온 이춘세의 옥사에 대한 발사를 보고 안타까움에 가슴이 타는 것 같았다. 황주 죄수 이춘세가 세 살짜리 딸 소련을 살해한 것이었다. 그는 딸을 살해하여 사형을 당할까 봐 두려워 발에 밟혀 죽은 것이라고 변명을 하고 있으나 초검 발사와 시장을 보면 그가 살해한 것이 명백했다.

"죄인을 압송했느냐?"

관찰사가 율관 윤영관에게 물었다. 황해도의 죄수들은 1차 조사를 마친 뒤에 해주 감영으로 이송되어 재판을 받는다.

"예. 감영의 구류간에 넣었습니다."

윤영관이 머리를 조아리고 대답했다.

"문안을 보았는가?"

문안(文案)은 관련 서류다.

"예. 딱한 죄수인 것 같습니다."

"재판을 빨리 해서 형조로 올려 보내세."

"예."

관찰사의 지시에 따라 재판은 다음 날 바로 열렸다. 관찰사는 선화당 앞으로 끌려나온 이춘세를 찬찬히 살폈다 이춘세는 수염이 텁수룩하고 얼굴이 초췌했다.

"이름과 나이를 말하라."

"이름은 이춘세이옵고 경진생(庚辰生)입니다."

경진생이면 마흔 살이다.

"어디에 사는가?"

"황해도 황주목 대호리에 살고 있습니다."

"죽은 딸의 이름은 무엇인가?"

"소련입니다."

"딸을 귀여워했는가?"

"예."

무릎을 꿇고 앉아 있는 이춘세의 어깨가 축 늘어졌다.

"딸을 살해한 것을 자복하는가?"

"아, 아닙니다."

이춘세는 딸을 살해한 사실을 시인하려고 하지 않았다.

"율문에 자식을 구타하여 죽인 자는 장 60대에 처하게 되어 있다. 딸을 죽이고도 장 60대가 두려운 것인가?"

"아, 아닙니다. 장 60대를 맞겠습니다."

"어째서 장을 맞으려고 하는가?"

"밤마다 딸의 얼굴이 떠올라 울며 지새고 있습니다. 소인이 죄인입니다. 소인을 죽여주십시오."

"허면 어째서 자복하지 않았는가?"

"소인이 사형을 당하면 아내와 아이들을 먹여 살릴 수가 없어서……. 어리석은 소인을 죽여주십시오."

"그러면 자복하는가?"

"자복합니다."

이춘세가 통곡하며 울기 시작했다. 이춘세는 밤마다 딸의 웃는 얼굴이 떠올랐고 일시적으로 화가 나서 딸의 뺨을 때렸는데 하필이면 다듬잇돌에 부딪쳐 죽었노라고 애통하게 울었다. 선화당에서 재판을 하는 관리들도 모두 울었다.

이춘세의 옥사는 형조로 올라가 재복이 실시되었다. 재판을 하는 형조의 관리들도 어린 여아의 어이없는 죽음에 가슴 아파했다.

"이춘세의 화풀이는 두 취한에게 얻어맞은 분을 참을 수 없어서 어린 여식을 때린 것입니다. 복검장의 발문을 읽어보면 춘세가 때리고 꺼두른 상황과 어린 애의 머리가 깨진 상황을 생생하게 알 수 있어 절로 눈물이 흐릅니다.

茶山 丁若鏞 像

정약용 초상 故장우성 화백 作(1974)

증인이 손으로 때린 곳을 가리키니 춘세가 눈을 돌리었고 검관이 영결(永訣)을 하라고 하니 말을 하지 못했습니다. 상손(傷損)이 부합하여 춘세가 정범이란 점에 이의가 없습니다."

형조참의 정약용이 아뢰었다.

"《대명률》에 부모가 자녀를 구타하여 죽인 자는 장 60에 도 1년에 처하고 마음이 흉참한 자는 임금에게 아뢰게 되어 있습니다."

형조에서 의논하여 아뢰었다. 정조는 형조의 문안을 꼼꼼하게 살폈다. 이춘세가 딸을 죽인 것은 오살에 지나지 않는다. 그러나 술에 취해 딸을 때리는 것은 엄격하게 금지되어야 한다. 어린 아이는 저항도 할 수 없고 피할 수도 없다.

"이춘세의 일로 밤새 잠을 이루지 못하고 고민했다. 딸이 죽은 부모의 마음은 어떠하겠는가? 마음속에는 십분 용서해주고 싶은 마음이 있으나 용서하면 이런 일이 반복될 것이다. 실수는 되풀이 되어서는 안 되고, 어린 아이는 어른이 보호해야 한다. 율문에 따라 처벌하라."

정조가 판부를 내렸다. 이춘세는 곤장 60대를 맞고 1년 동안 노역을 했다.

오살은 술에 취했을 때 많이 일어난다. 술에 취해 아내를 때리고, 이웃과 사소한 시비 끝에 주먹질을 하거나 발길질을 하여 사망에 이르게 하는 경우가 종종 있다. 살의가 없었으니 당연히 관대하게 처분한다.

살인사건이 일어나면 가해자 가족도 피해자가 된다. 주위의 모든 사람이 살인자의 가족이라고 하여 멀리하고 가해자가 형기를 마치고 돌아오면 살인자라고 비난을 받게 된다. 가해자나 그 가족들은 또 다른 감옥에서 살아갈 수밖에 없다.

이춘세는 술에 취해 어린 딸을 죽였다. 재판관들은 어린 아이의 죽음에 눈물을 흘렸다. 이춘세가 딸이 죽으라고 때린 것은 아니었으나 딸의 죽음을 평생 동안 가슴에 품고 살았을 것이다.

8장
마누라 셋을
거느린 남자

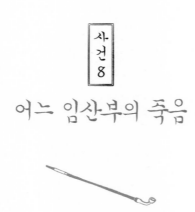

어느 임산부의 죽음

세상에는 여난(女難)과 여복(女福)이라는 말이 있다. 여난은 여자로 인해 어려움에 처하는 것이고 여복은 여자로 인해 복을 얻는 것이다. 조선시대에는 많은 남자가 본처 외에 첩을 거느렸다. 일처사첩(一妻四妾)을 거느려도 흉이 되지 않는 것이 조선시대였다.

임진왜란이 일어나자 선조는 몇몇 대신들을 거느리고 몽진길에 올랐다. 이때 기자헌(奇自獻) 역시 아내와 첩을 데리고 선조의 몽진길을 따라갔는데, 피난지에서 방 한 칸에서 세 사람이 자게 되었다. 피란살이는 고달프다. 특히 풍전등화의 위태로운 상황에서 사람들의 마음은 고달플 수밖에 없다. 이항복은 특유의 해학으로 그런 사람들을 즐겁게 했다. 기자헌이 옹색한 단칸방에서 처와 첩을 거느리고 자는 모습을 상상하면서 칠언절구를 지은 것이다.

기자헌 초상

춥지도 않고 덥지도 않은 2월의 하늘 아래	不寒不熱二月天
아내와 첩을 거느리고 한 방에서 사는구나	一妻一妾正堪憐
원앙 베개 위에는 머리 셋이 나란히 있고	鴛鴦枕上三頭竝
비단 이불 속에 다리 여섯 개가 잇달아 있네	翡翠衾中六却連
입 벌려 웃을 때는 품(品) 자와 흡사하고	開口笑時渾似品
옆으로 누운 모습 마치 내 천(川) 자와 같네	側身寢處恰如川
동편으로 굴러 간신히 일을 끝내니	輾忽罷東邊事
서편 사람이 이불 속에서 주먹질을 하는구나	又被西邊打一拳

이 시는 마치 신라의 향가 처용가처럼 절묘하다. 비록 고관이라고 해도 두 여자와 한 남자가 한 방에서 잔다. 남녀가 한 이불 속에서 자는데 춘정이 동하지 않을 수 있는가. 동편으로 몸을 돌려 내 천(川) 자를 이룬 뒤에 옆 사람의 눈치를 보느라고 간신히 사랑을 마친다. 이 장면도 가히 포복절도할 수준인데, 혼자 떨어져 있는 여자가 남자의 등을 향해 주먹질을 하는 모습은 상상만 해도 웃음을 멈출 수가 없다.

이 시에는 피란살이의 고단함에 처와 첩을 거느리는 조선시대 사대부의 일그러진 모습까지 담겨 있다. 한문의 내 천 자를 빗대어 세 남녀가 한방에서 지내는 것을 조롱했으니 해학이 넘친다.

남자들 중에는 여자를 많이 거느린 사람을 여자 복이 많은 사람이라고 오해하는 사람이 있다. 그러나 현실에서는 세 여자와 한 남자가 한 집에서 같이 사는 것은 해학적인 것이 아니라 살벌한 일이다.

박창손(朴昌孫)은 경상도 거창에 사는 평민이다. 일반적으로 경상도가 양반의 고장이고 선비가 많다고 여겨지는 것은 퇴계 이황과 남명 조식(曹植)의 영향이고, 실상은 대부분이 산악지대라 땅은 척박하고 가난한 사람이 많이 살았다. 거창 일대에도 논은 거의 없고 밭이 많았다. 그래서 경상도 사람들을 보리문둥이라고 불렀다.

박창손은 가난하게 살았는데 처가 셋이었다. 지체 높은 양반도 아니었고 학문이 뛰어난 선비도 아니었지만, 그는 처를 셋이나 두었고 모두 한 집에 살았다. 집이 가난하니 세 여자가 각각 방을 하나씩 쓸 수 있는 형편이 아니었다. 방 두 개에 여자들이 나누어 잤다. 박창손과 방을 같이 쓰는 여자는 당연히 여자들의 권력 서열 1위였다. 본래는 처음에 혼인을 한 여자가 본처로서 집안을 다스리는 것이 규범이었으나 박창손의 사랑을 받는 여자가 본처 노릇을 하게 되었다. 세 여자는 박창손의 사랑을 얻기 위해 서로에게 질투하고, 뒤에서 눈을 흘기고 욕설을 퍼부었다.

첫 번째 부인은 열여덟 살에 혼인했고 아이를 낳지 못했다. 두 번째 부인은 열아홉 살에 혼인했는데 딸만 둘을 낳고 더 이상 아이를 낳지 못했다.

"창손이가 아들을 낳으려고 마누라를 셋씩이나 얻은 거야."

"마누라가 셋이면 뭘 해? 딸만 둘 낳고 그만이잖아. 나한테 하나 빌려주면 아들을 낳아주겠구만."

마을 장정들이 낄낄대고 웃었다.

"그런데 마누라 셋을 밤에 데리고 자나?"

"설마……."

"야사를 할 때 말이야. 둘은 눈을 감고 자는 척하나?"

"마누라를 셋씩이나 거느리니 창손이가 마르는 거야. 저렇게 말라서 밤일이나 제대로 하나 몰라."

"모르는 소리. 마른 장작이 화력이 좋다고 안 그래?"

장정들은 박창손의 집을 지날 때마다 호기심 가득한 눈으로 살피면서 수군거렸다.

"그래도 용해. 세 여자를 먹여 살리고 있으니……."

"딸까지 합치면 여자만 다섯이야."

마을 사람들은 박창손을 신기하게 여겼다.

"세상에 못할 게 첩살이야. 여자가 셋이니 언제나 차례가 돌아와?"

"무슨 차례를 말하는 거야?"

여자들은 밭일을 하면서 박창손의 여자들에 대해서 수군거렸다.

"뭐겠어? 밤일 차례지."

"순서를 정해놓고 밤일을 하나? 아이고, 그 짓은 못하겠다."

"여편네가 하나면 뭘 해? 몇 달이 지나도 지 마누라 소 닭 보듯 하는 인간도 있는데……."

여자들이 깔깔대고 웃음을 터뜨렸다. 그러한 와중에 박창손의 세 번째 여자 신달분(申達分)이 임신을 하게 되었다. 신달분은 임신을 하자 옆집에 가서 자고 오는 일이 많았다.

"이놈의 여편네, 어젯밤에 어디 가서 자고 온 거야?"

박창손은 신달분이 자고 돌아오면 펄펄 뛰었다.

"옆집에서 자고 오는데 왜 그래요?"

"여편네가 왜 남의 집에서 자?"

신달분이 말하는 집은 과부 최 소사의 집이었다. 신달분과 유난히 친하게 지내는 이였는데 박창손이 싫어했다. 그런데도 신달분은 틈만 나면 옆집에서 자고 왔다.

"이이가 귓구멍이 막혔나? 내가 그렇게 남의 집에 가서 자지 말라고 했는데, 또 남의 집에서 잠을 자고 들어와?"

박창손은 마당에 있는 대나무 빗자루를 들고 신달분을 사정없이 때리기 시작했다.

거창 군수 최경창은 박창손의 집에 이르자 눈살을 찌푸렸다. 시체는 마당의 멍석 위에 눕혀져 있었다. 그러나 멍석에는 피 한 방울 묻어 있지 않았다. 다른 곳에서 살해되어 옮겨진 것이다.

"마을 사람들을 멀리 떨어져 있게 하고 검험을 시작하게."

최경창은 율관, 약방, 오작인에게 영을 내렸다. 그들이 신달분의 시신을 둘러싸고 조심스럽게 살피기 시작했다.

"임산부입니다. 5개월쯤 된 것 같습니다."

율관이 시장에 기록을 하면서 말했다. 과연 신달분의 배가 약간 불러 있었다.

"옷을 벗기고 상처를 살피겠습니다."

의관과 오작인이 신달분의 저고리와 치마를 벗기기 시작했다. 시체의 외부는 매끄러운 편이었으나 속치마는 피에 흥건하게 젖어 있었다.

"하혈을 했나?"

"낙태를 했습니다."

"음."

최경창은 마른침을 삼켰다. 속이 매슥거렸으나 억지로 신달분의 상체를 살폈다. 저고리를 벗겨낸 상체는 매끄러웠고 임산부였기 때문인지 가슴이 크게 부풀어 올라 있었다. 외상은 보이지 않았다.

"배꼽에서 음문까지 딱딱하게 굳어 있습니다."

약방이 다시 말했다. 이는 태상사(胎傷死)의 증세다. 율관은 옆에서 시장을

조선 회화행정도첩 김윤보 作(19세기 말~20세기 초반)
조선에서는 죄를 지은 자는 여자라도 매질을 가했다. 조선 사회는 일부다처제가 허용되었으며 여성의 정절을 미덕으로 여겼다.

작성하고 시형도를 그리고 있었다.

"초주(椒酒, 조피 열매를 섞어서 빚은 술)를 사용해보게."

외상이 보이지 않을 때에는 초주를 이용하여 숨어 있는 멍 자국을 찾기도 했다. 그러나 초주를 사용해도 멍 자국은 보이지 않았다. 다만 얼굴에 실핏줄 같은 것이 보였다.

"태상사가 분명합니다."

"낙태를 하여 죽었다는 말인가?"

"예. 《무원록》(중국 원나라 왕여가 송나라의 형사사건 지침서들을 바탕으로 편찬한 법의학서로, 한국에서는 조선 전기부터 이용되었다)의 태상사 조목과 일치합니다."

율관의 말에 최경창이 고개를 끄덕거렸다. 그는 향임과 죽은 여자의 남편인 박창손을 불렀다.

"신달분이 죽은 원인이 무엇인가?"

"소인의 잘못입니다. 소인이 빗자루로 때려서……."

박창손이 당황망조한 표정으로 사색이 되어 말했다.

"빗자루로 때려? 왜 빗자루로 아낙을 때린 것인가?"

"마누라가 밤마다 다른 집에 가서 자고 오는 바람에 야단을 치느라고 때렸습니다."

"어느 빗자루로 때렸는가?"

"저기 있습니다."

박창손이 마당 한구석에 있는 빗자루를 가리켰다. 최경창이 나졸에게 빗자루를 가져오게 하여 살펴보니 마당을 쓰는 대나무 빗자루였다.

'이걸로 때려서 낙태를 하고 죽은 것인가?'

최경창은 사건의 내막을 알고 씁쓸했다.

최경창은 시친, 간증인, 삼겨린의 조사까지 끝내고 감영에 보고하기 위해 초검 발사를 작성하기 시작했다.

"경상도 거창에 사는 박창손은 가난한 촌민인데도 부인을 셋이나 두고 간음하고 있었습니다. 집안이 가난하니 여자들끼리 매일 같이 싸워, 하나는 안방에서 소리 지르고 다른 하나는 마당에서 울부짖기 일쑤였습니다. 신달분은 임신 5개월이었는데 집안이 화평하지 못해 매일 밤 다른 집에서 자고 왔는데, 이를 못마땅히 여긴 박창손이 대나무 빗자루로 때려 낙태를 하여 죽었습니다. 특별한 외상이 없고 낙태를 한 부분이 《무원록》의 태상사와 일치하여 발사를 올립니다."

신달분의 죽음을 자연사로 보는 것이다. 최경창은 태상사의 원인을 찾지 못했다.

"거창군의 살옥 죄인 박창손의 옥사입니다. 세 여인이 간음을 한 것이 실로 싸움을 하게 된 단초였고 한 지아비를 두고 항상 투기하여 사납게 행패를 부렸습니다. 방 안에 있던 부인과 마당에서 눈물을 흘리는 부인이 서로 꾸짖었고 회임한 처는 담장을 넘어 도망하여 피하였으니, 집안의 도리가 이 지경에 이른 것을 보면 부부간의 정의는 어찌 논하겠습니까. 볼기 뒤쪽을 대나무 빗자루로 한 대 때린 것은 진실로 반드시 죽이려는 마음이 아니었을 것이나 어두운 저녁에 산골짜기를 급히 걸으면 넘어질 우려를 면하기 어렵습니다. 아녀자의 편협한 성격에 분함이 마음속에 가득한 데다 허겁지겁 걷다 보니 두려움이 밖에서 엄습한 것이니 그러한 상태에서 낙태한 것은 한두 가지 이유가 아닙니다. 사망 원인은 구타당해서가 아니며 전적으로 낙태한 것에 원인이 있었으니, 도신의 계사에 가벼운 처벌 쪽으로 붙일 수 있다는 의논은 근거가 없지 않습니다."

형조에서 정조에게 아뢰었다. 형조는 낙태의 원인을 굳이 밝히려고 하지 않았다.

"거창 박창손의 옥사는 경의 발사(跋辭)에 진실을 다 드러냈다고 할 수 있고, 사망 원인은 구타로 인한 것이 아니라고 한 것 또한 매우 적확하였다. 박창손은 도백으로 하여금 한 차례 엄히 형을 가한 뒤에 과오 및 위협하여 핍박한 율문으로 조감(照勘)하여 수속(收贖)한 뒤에 즉시 풀어주라."

정조가 명을 내렸다. 박창손은 경상도 감영에서 곤장을 맞고 석방되었다.

거창군에서 일어난 박창손의 옥사는 미묘한 점이 있다. 사건을 다룬 관리들이 모두 가난한 촌놈이 부인을 셋씩이나 거느렸다고 비난하면서도 그의 처벌에서는 관대하다.

신달분이라는 여자는 대나무 빗자루로 얻어맞고 낙태를 했다. 그녀가 남편에게 얻어맞은 이유는 날마다 남의 집에 가서 자고 왔기 때문이다. 그런데 세 여자가 가난한 남자와 한 집에 살다 보니 투기가 끊이지 않았던 모양이다. 누군가는 방에서 소리를 지르고 누군가는 마당에서 울부짖었다는 기록이 보인다. 세 여자가 그토록 심하게 싸운 것이다. 신달분은 임신한 여자의 몸으로 견디기 어려웠을 것이다. 다만 과학이 그다지 발전하지 못한 조선시대니 낙태가 자연적이었는지 폭력 때문에 발생한 것이었는지는 검증할 수 없었을 것이다.

1779년 전주(全州)의 김용채(金龍采)는 이신방(李辰芳)과 묵은 혐의가 없는데, 장난삼아 그의 임신한 아내를 발로 차서 6일 만에 죽게 하였다.

"임신 6개월의 몸으로 발에 채여 7일 만에 낙태하고 마침내는 모자가 모두 죽기에 이르렀으니, 고의로 죽였든 장난을 치다가 죽였든 자신으로부터 죄가 유래되었다는 율문을 그가 어떻게 면할 수 있겠는가. 반복해서 강구해보아도 실로 가볍게 처벌할 단서가 없다. 다만 통상의 인정으로 논한다면 이웃 간의 정의(情誼)가 보통이 아니니, 임신한 여인을 보호해야 하는 것은 당연한 이치다. 난동이 벌어졌을 때 취중의 주먹다짐은 실로 장난이 지나친 데에서 나왔고, 분한 김에 발로 찬 것도 우연한 행위에 불과하다. 지아비가 쫓겨 나가자 지어미가 붙잡고 몸으로 가리다가 서로 엎어지고 넘어진 필연적인 형세이니, 크게 주먹질하고 크게 발길질한 것이 어찌 반드시 모두 김용채가 그렇게 했을 것이며, 그 후 며칠 동안 간혹 밥도 짓고 옷도 꿰맨 것에서 더욱 그가 발에 채인 것이 그렇게 심하지 않았음을 알 수 있다. 그뿐만 아니라 설사 발길에 채여 낙태를 했다고 하더라도 사람이 반드시 모두 죽는 것은 아니니, 과연 이것이 적실한 논의라고 하겠는가. 가볍게 처벌하는 쪽으로 둔다고 해서 크게 형벌을 잘못 시행한 데에 이르지는 않을 것이다. 김용채를 한 차례 형벌을 가한 후 사형을 감하여 정배하라."

정조가 명을 내렸다. 임금이 명을 내리면 그대로 판부가 되고 수교집에 오른다. 이 사건도 엄밀하게 따지면 살의가 없었다고 해도 흉참한 죄로 다스려야 하는데 기이하게 관대하게 처분하고 있는 것이다.

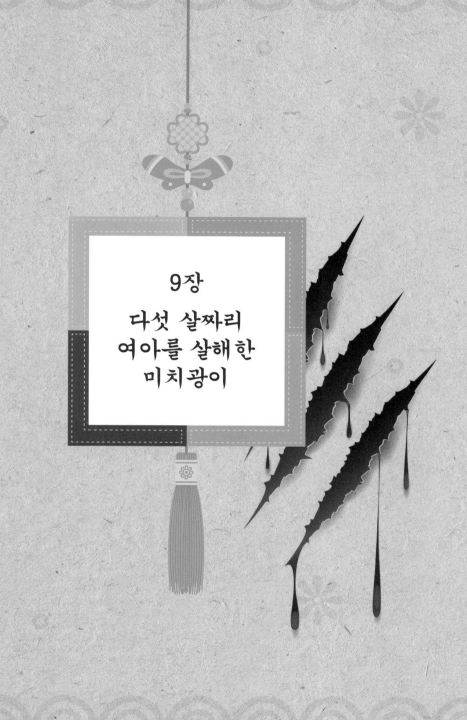

9장

다섯 살짜리
여아를 살해한
미치광이

사건 9

피지도 못한 꽃

오살은 오해나 과실로 인하여 사람을 죽이는 일이다. 그러나 정신질환으로 인한 살인은 오살인지 고살인지 분류하기가 어려워진다. 현대는 정신질환의 범위가 광범위해져 정신분열, 분노조절 장애, 스트레스 등 다양한 병증이 존재하고 있지만 조선시대는 오로지 정신이상인지 여부로만 판단했다. 조선시대에도 정신질환자에 의한 살인을 주요 감형 이유로 보고 사형을 감형하여 유배를 보내고는 했다.

"고창(高敞) 사람 강준덕(姜峻德)이 칼로 그 부모와 형 그리고 고을 수령까지 상해를 입혔으니, 비록 수금(囚禁) 중에 죽었사오나 다시 형을 가하여 기시(棄市)에 처하옵소서."

1438년 세종 20년 7월 25일 전라도 관찰사가 아뢰었다. 기시는 죄인의 목을 베어 그 시체를 길거리에 내어 버리는 것이다.

"준덕은 실제로 미친 사람이오니 형을 가하여 기시하지 마옵소서."

형조에서 아뢰었다.

"준덕이 비록 전광병(癲狂病, 정신병)이 있다 하오나 부모와 형 그리고 현관(縣官)까지 칼로 상해를 입혔으니, 이는 직접 악역을 범한 사람입니다. 감사가 계달한 대로 율에 의하여 형을 가하게 하옵소서."

의정부에서 일제히 아뢰었다. 세종은 결국 강준덕을 참수하고 기시에 처하게 했다. 정신병에 의한 살인도 잔인한 악행은 엄벌로 처한 것이다.

황해도 풍천은 풍천팔경이 관서지방 최고의 절경으로 꼽힐 만큼 아름다운 고장이었다. 대동강 하류의 해안 지대로 북쪽과 동쪽에 산들이 있고 서쪽으로 서해 바다가 있어서 초도, 석도, 가도 등의 섬이 유명했다. 풍천 서북쪽 송화리의 범바우골에 오재묵(吳載默)이라는 사람이 살고 있었다. 부인이 있고 마을에서 농사를 짓는 평범한 사람이었다. 그런데 그가 어느 날 갑자기 중얼중얼 혼잣말을 하면서 돌아다니기 시작했다.

"재묵이가 실성을 했나? 왜 저러지?"

마을 사람들은 오재묵이 수상하다고 수군거렸다. 어느 때는 우울하여 한마디도 하지 않을 때도 있었고 어느 때는 쉬지 않고 중얼거리기도 했다.

사람들은 범바우골 바깥쪽을 바깥마을, 안쪽을 안마을이라고 불렀는데, 윤경오(尹敬五)는 범바우골 바깥쪽에 살았고 오재묵은 안쪽에 살았다.

"아유, 덕이가 이제 많이 자랐네요."

하루는 윤경오 부부가 딸을 밭둑에 있는 수양버들 밑에서 놀게 하고 보리를 베는데 오재묵이 지나가다가 말했다.

"어디 다녀오나?"

윤경오는 허리를 펴고 오재묵에게 물었다.

"엉덩이가 펑퍼짐하고 가슴이 봉긋하니 이젠 시집보내야지요."

"누구를 말하는 거야?"

"내 말이 말 같지 않아요? 당신 딸 덕이를 말하는 거잖아요. 애를 쑥쑥 잘 낳을 거야."

오재묵의 말에 윤경오는 어리둥절했다. 어린 여자 아이를 두고 오재묵이 이상한 말을 하고 있었다. 윤경오는 우두망찰하여 오재묵을 노려보았다. 너무나 황당한 말이어서 입이 다물어지지 않았다. 오재묵은 윤경오에게 관심이 없는지 혼잣말을 중얼거리면서 집으로 가기 시작했다.

"확실히 실성했나 봐요."

윤경오의 부인 이 씨가 수양버들 앞으로 나오면서 이마의 땀을 훔쳤다.

"나이가 몇 살인데 실성을 해? 별 미친놈 다 보겠네."

윤경오는 벌레를 씹은 듯 인상을 구기며 말했다.

"시장할 텐데 막걸리나 한잔해요."

"그럴까? 아이고, 덥다."

윤경오는 보리밭에서 나와 수양버들 밑에 앉았다.

"아부지."

딸 덕이가 그의 무릎에 와서 앉았다.

"오냐, 우리 딸 덕이 왔구나."

윤경오는 딸을 안고 뺨을 부볐다. 그늘 밑에서 놀았는데도 딸의 얼굴에서 땀이 흘러내리고 있었다. 장마가 오려는지 숨이 턱턱 막힐 정도로 날씨가 더웠다.

"드세요."

이 씨가 막걸리를 대접에 따라서 윤경오에게 건넸다. 윤경오는 막걸리를 벌컥벌컥 마시고 오이를 된장에 찍어서 한입 베어 물었다. 이 씨는 국수를 말아서 아이에게 떠먹이고 있었다.

"장마가 언제 올까요?"

"유월이 시작되었으니 곧 오겠지."

"가뭄이 계속되지는 않겠지요?"

"가뭄이 계속되면 개울도 마를 거야."

개울이 마르면 논바닥이 마를 것이고, 논바닥이 마르면 벼농사를 망치게 된다. 작년에도 벼농사를 망쳐서 환곡을 갚는 데 애를 먹었다.

"내일은 장이 서잖아요? 장에 좀 갔다가 올까요?"

"장에는 왜?"

"살구하고 자두가 아주 잘 익었어요. 장에 팔면 돈 좀 될 거예요."

"그럼 새벽에 자두와 살구를 따야겠네."

윤경오는 집 뒤에 살구나무, 자두나무, 복숭아나무를 심었다. 살구와 자두가 모두 탐스럽게 익어 벌써 두 차례나 장에 팔았다. 복숭아도 탐스럽게 익어가고 있었으나 아직 한 달은 더 있어야 했다. 능금나무와 배나무도 심었는데 거름을 잘한 탓인지 밭농사나 논농사보다 나은 것 같았다. 이제는 마을 사람들도 앞다투어 과일나무를 따라 심었다. 윤경오는 새참으로 국수까지 먹고 보리를 베었다.

윤경오의 형 윤경술과 병만이 품앗이 일을 나온 것은 점심때가 지났을 때였다. 건장한 장년이 둘이나 가세하자 해가 질 무렵에는 보리를 모두 베어 바깥마당에 쌓을 수 있었다.

남자들이 개울에 가서 목욕을 하는 동안 이 씨는 저녁을 지었다. 윤경술의 부인과 아이들, 병만의 부인과 아이들까지 와서 마당에 멍석을 펴고 저녁을 먹었다. 그때 오재묵이 집으로 들어오는 콩밭에서 서성거리는 것이 보였다.

"재묵이 아니야? 어두운 데서 뭘 하고 있담?"

윤경술이 콩밭 옆에서 서성거리는 오재묵을 보고 중얼거렸다.

"귀신처럼 시커먼 옷을 입고 뭐하는 거야?"

"오재묵이 때문에 밤에 마실도 못 다니겠어."

병만의 부인이 불안한 목소리로 말했다. 이 씨는 오재묵이 어둠 속에 서 있는 모습에서 어쩐지 불길한 예감을 받았다.

장에 다녀오던 날부터 빗발이 뿌리기 시작했다. 아직 본격적인 장마가 시작되지 않아 보리를 헛간에 쌓고 비설거지를 했다. 비가 그치면 빨리 털어서 가마니에 담아야 했다. 윤경오는 삽을 들고 논으로 나가려고 했다. 밤에 비가 얼마나 올지 모르니 논둑에 물꼬를 터놓아야 했다. 그때 봉당에서 놀던 딸 덕이가 윤경오를 쳐다보며 물었다.

"아부지, 어디 가?"

"아부지 논에 가야지."

윤경오는 자두를 한입 가득 입에 물고 있는 덕이의 머리를 쓰다듬었다.

"가지 마."

"왜?"

"나하고 놀자."

덕이가 천진한 미소를 지었다. 덕이는 다섯 살이지만 영악하여 말을 잘했다.

"아부지 논에 가서 일을 해야 돼."

"그럼 나두 갈게."

"안 돼. 비 오는데 어딜 가? 비 맞지 말고 집에 있어."

윤경오는 다시 한 번 딸에게 이르고 집을 나왔다. 빗줄기가 떨어지고 있었으나 차갑지 않고 오히려 시원했다. 마을 앞으로는 논과 밭이 푸르고 저 멀리 마을을 병풍처럼 둘러싸고 있는 산들은 녹음이 무성했다.

"덕이 아부지, 어디 가요?"

콩밭에서 잡초를 뽑고 있던 아내 이 씨가 소리를 질렀다.

"논에!"

윤경오도 아내를 향해 소리를 질렀다. 아내가 알았다는 듯이 허리를 숙이고 다시 잡초를 뽑기 시작했다. 윤경오는 논으로 걸어가다가 뒤를 돌아보았다. 누군가 숨어서 자신을 엿보고 있는 듯한 기분이었다.

'집 앞에 마누라도 있는데 무슨 일이 있으려고……'

윤경오는 공연히 뛰는 가슴을 궂은 날씨 탓이라 여기며 걸음을 재촉했다. 몇 걸음 걸었을까? 저 앞에 뭔가 시커먼 것이 눈에 들어왔다.

'누가 이런 짓을 한 거지?'

가까이 가보니 검은 개의 사체였다. 윤경오의 얼굴이 절로 찌푸려졌다. 검

황해 해주 향교 대성전 국립중앙박물관 소장
향교는 조선시대에 나라에서 세운 지방 교육 기관으로, 지방 학생들에게 유학을 가르치면서 선현들에게
제사를 지내는 곳이다.

은 개는 아직 어미젖도 못 뗀 어린 강아지였는데 옆구리가 흉측하게 베어져
있었다.

'설마 저놈이 한 짓인가?'

윤경오는 향교 쪽을 쳐다보면서 몸서리를 쳤다. 빗줄기가 뿌리는 어둑어둑
한 향교 담장 옆에 오재묵이 흡사 귀신처럼 서 있었다.

쓱싹쓱싹.

눈을 감고 있는 그녀의 귓전에 칼을 가는 소리가 들렸다. 김 소사(양민의 아
내나 과부를 이르는 말)는 어쩐지 불안하여 바깥의 동정에 바짝 귀를 기울였다.

남편 오재묵이 숫돌에 칼을 갈고 있었다.

"오늘 밤에 나쁜 놈이 올 거야. 내가 그 놈을 죽일 거야."

오재묵이 방으로 들어와 혼잣말로 중얼거렸다.

"그놈이 누구예요?"

"악귀야. 빗자루가 변해서 악귀가 되었어."

김 소사는 처음에 오재묵이 농담을 하는 것이라고 생각했다. 그러나 그는 점점 알아들을 수 없는 말을 중얼거리고 황당한 소리를 했다.

'남편이 이상해졌어.'

김 소사는 남편이 황당한 말을 할 때마다 머리가 어지러웠다.

"누가 우리 집을 들여다보고 있어."

"누가 집을 들여다보겠어요? 사람이 오면 개가 짖잖아요?"

"개를 못 짖게 했을 거야."

"아무도 안 왔어요. 그냥 잠이나 자요."

"내가 지키고 있을게. 당신은 잠을 자. 누구든지 문을 열고 들어오면 찔러 죽일 거야."

남편은 밤새도록 잠을 자지 않았다. 새벽에 눈을 뜨자 칼을 앞에 놓고 벽에 기대어 꾸벅꾸벅 졸고 있었다.

"오 서방이 이상해진 거 아니야?"

마을 사람들이 남편을 수상하게 생각하기 시작했다.

"왜요?"

"공연히 우리 애 아버지한테 시비를 걸어 큰 싸움이 날 뻔했잖아?"

마을 사람들이 남편을 피하기 시작했다. 남편은 마을 사람들에게 공연히 시비를 걸기도 하고 싸우기도 했다. 남의 집에서 호미나 괭이 같은 농기구를 몰래 가져오는 일도 있었다. 어린 아이들을 악귀가 변한 요물이라고 때리기도 해서 마을 사람들이 몰려오기도 했다.

"오재묵이가 실성을 했어."

마을 사람들은 남편에게 광증이 생긴 것이라고 말했다.

"귀신에 씌웠으니까 굿을 해야 돼."

마을 사람들의 말에 굿까지 했으나 소용이 없었다.

"벽 속에 누가 있어."

하루는 잠을 자던 남편이 벌떡 일어나서 말했다.

"벽 속에 누가 있다고 그래요?"

"바스락대는 소리가 들리지 않아?"

"안 들려요."

"지붕으로 올라갔어. 내가 나가볼게."

김 소사는 남편 오재묵이 밖으로 나가자마자 나지막하게 한숨을 내쉬었다. 밖에 나가서 무엇을 하든지 상관하지 않을 참이었다. 그런데 왠지 모르게 스멀스멀 불안감이 엄습해왔다. 남편이 밖으로 나가서 한참이 지나도 돌아오지 않는 것이다. 결국 남편은 그날 밤 돌아오지 않았다.

"오 서방이 악귀를 잡으러 다닌다고 콩밭을 다 짓밟았어요."

이튿날 아침, 마을 사람들이 흙투성이가 된 남편을 데리고 왔다.

"악귀가 아이로 변했어. 내가 악귀를 반드시 죽일 거야."

마을 사람들에게 사과하는 김 소사 옆에서 남편은 계속해서 알아들을 수 없는 말을 중얼거렸다.

불꽃이 타오르고 있었으나 사람들은 모두 망석 위에 둘러앉아 있었다. 사방은 캄캄하게 어두웠으나 모깃불과 두어 개의 등불을 켜놓아 서로의 얼굴을 희미하게 확인할 수 있었다. 송화리 범바우골 사람들이 모여 한가하게 이야기를 나누고 있었다.

"재묵이가 이상한 것은 틀림없지?"

"이상하지. 혼자서 중얼중얼 떠들고 다니잖아?"

오재묵의 옆집에 살고 있는 병만이가 근심이 가득한 목소리로 대답했다.

"그런데 뭘 그렇게 혼자서 떠들고 다니는 거여?"

"뭐라고 떠드는지 하나도 못 알아듣겠구먼."

"자기가 요괴를 잡으러 온 신선이라고 그러더구먼. 우리 마을에 요괴가 바글바글하대."

"쯧! 요괴가 그렇게 많으면 우리는 어떻게 살아?"

사람들이 모두 혀를 찼다.

"며칠 전에는 저수지 앞에서 꼼짝도 하지 않고 앉아 있어서, 뭘 하고 있냐고 물어보니까 물귀신이 나올 때를 기다리고 있대. 비는 부슬부슬 오고 있는데……."

"아이고, 무섭다."

석주네가 몸을 부르르 떠는 시늉을 했다.

"실성한 게 분명해."

"굿을 했는데도 소용이 없잖아?"

"무당은 귀신이 씌워서 천도재(薦度齋, 죽은 이의 영혼을 극락으로 보내기 위해 치르는 불교의식)를 지내야 한대."

"천도재 지낸다고 다 낫나?"

"오 서방이 칼을 가지고 다닌다고 그러던대."

윤경오의 부인 이 씨가 사람들을 향해 말했다. 그러나 누구도 그녀의 말에 귀를 기울이지 않았다.

운명은 참으로 알 수 없는 것이다. 저 들판 어디에선가 어둡고 축축한 바람이 불어오듯이 운명은 그렇게 소리 없이 다가왔다. 그날 아침 눈을 떴을 때부터 이 씨는 기분이 좋지 않았다. 가슴이 뛰고 불안했다. 무엇인지 알 수 없었으나 누군가 숨어서 그녀를 살피고 있는 것 같았다.

어린 딸은 아침에 반찬투정을 했다.

"괴기 줘."

딸이 울면서 생떼를 부리기 시작했다. 딸이 말하는 괴기는 살구와 자두를 장에 팔고 사온 고등어자반을 말하는 것이었다. 한 번 입에 대더니 끼니때마다 찾았다. 떼를 쓰는 아이를 호되게 야단치고 콩밭으로 일을 나갔다. 한참 일을 하다가 집에 들어가서 보니 아이는 멍석 위에서 자고 있었다.

'쬐그만 게 영악스럽기는……..'

이 씨는 딸을 데리고 다시 나갈까 하다가 그대로 두었다. 이 씨가 아이들이 지르는 소리를 듣고 콩밭에서 달려 나온 것은 오시(午時, 정오)가 임박했을 때였다. 그녀는 쓰러진 콩 포기를 세워 짚으로 묶던 중이었다. 점심 전에 막대를 모두 꽂고 한 차례 물을 길어다가 뿌릴 예정이었다. 그런데 그날 따라 이상하게 일이 손에 잡히지 않았다. 남편은 쇠꼴을 베러 냇가로 갔다. 그런데 아이들이 몰려와서 소리를 질러댔다.

"아주머니 큰일 났어요. 오 씨 아저씨가 덕이를 칼로 찔렀어요."

"피가 막 나왔어요. 아주머니 빨리 가 봐요."

아이들이 소리를 질러대자 이 씨는 가슴이 철렁했다. 그러면서도 당연히 헛것을 들었다고 생각했다.

"무슨 소리야?"

"덕이가 칼에 찔렸다니까요."

이 씨는 콩밭에서 허리를 펴고 일어섰다. 한낮이 되면서 땅에서는 지열이 솟고 있었다.

"덕, 덕이가 칼에 찔려?"

이 씨는 신발도 신지 않고 집으로 달려가기 시작했다.

'별일 아닐 거야.'

집이 가까워질수록 가슴이 터질 듯이 뛰었다. 집에는 벌써 아웃 아이들이 잔뜩 몰려와 있고 병만네 부부도 보였다. 놀랍게도 딸은 피투성이가 되어 명석 위에 쓰러져 있었다.

"덕아!"

이 씨는 가슴이 철렁하여 명석으로 달려가 딸을 부둥켜안았다. 딸의 팔다리가 축 늘어졌다.

"덕아! 눈 좀 떠 봐! 덕아!"

이 씨는 통곡을 하면서 울음을 터뜨렸다. 딸을 마구 흔들어보았으나 움직이지 않았다.

"어디 보세."

그때 장초시(張初試)가 가까이 와서 덕이를 살폈다. 그는 아이의 눈을 뒤집어보고 맥을 잡고 자그마한 아이 가슴에 손을 얹었다.

"초시 어른……."

이 씨는 초조한 기색으로 장초시의 얼굴을 살폈다. 딸의 단전에서는 아직도 피가 흘러내리고 있었다.

"운명했네. 명이 다했어."

"아니에요. 그럴 리가 없어요. 조금 전까지 멀쩡했는데……."

"피를 이렇게 많이 흘렸는데, 어찌 멀쩡하겠나?"

"오 씨 아저씨가 찔렀어요."

아이들이 저만치 떨어져서 히죽거리고 있는 오재묵을 가리켰다.

"가까이 오지 마. 가까이 오면 죽인다."

오재묵이 채도(菜刀)를 들고 소리를 질렀다. 그러는 동안 사람들이 더욱 몰려왔다. 사람들이 오재묵에게 일제히 달려들어 발로 짓밟고 칼을 빼앗았다.

"저놈이 살인자다. 저놈을 묶어라."

장초시의 지시에 의해 사람들이 오재묵을 새끼줄로 묶었다.

다섯 살짜리 계집아이였다. 저고리는 짧고 치마도 짧아서 배꼽이 훤히 드러나 있었다. 상처는 겨드랑이 아래에 칼에 찔린 구멍이 있었다. 상처는 길이가 2치(약 6.6cm)이고 깊이가 5치(약 16.5cm)나 되었다. 상처에서 피가 폭포수처럼 뿜어져 나와 죽었을 것이다.

'이 아이는 죽을 때 얼마나 고통스러웠을까.'

아이의 두 눈 밑에는 눈물자국이 말라붙어 있었다.

"실인은 피자치사(被刺致死)로 현록합니다."

검험을 하던 율관이 상처의 깊이를 재고 침통한 어조로 말했다.

"흉기는 찾았나?"

"살인자가 갖고 있던 채도가 확실합니다."

살인자 오재묵은 마을 사람들이 달려들어 새끼줄로 묶어놓았는데, 발로 차이고 몽둥이로 맞아서 온몸이 피투성이였다.

'이 어린 아이에게 무슨 원한이 있다고 이런 짓을 했는가?'

부사 임훈재는 분개하여 오재묵을 쏘아보았다.

아이의 어머니는 울부짖다가 혼절하고 아버지는 마당에서 데굴데굴 구르면서 비통해하며 몸부림치고 있었다.

"살인의 동기는 무엇인가?"

임훈재는 율관과 약방이 검험을 하는 동안 향임인 장초시를 불러 물었다.

"그게……, 아무래도 오재묵이가 실성한 것 같습니다."

"실성해?"

"예. 오재묵이가 정신이 온전하지 않은 것은 마을 사람 모두가 알고 있습니다."

임훈재는 난감했다. 오재묵이가 풍광(瘋狂, 정신병자)이라면 법으로 처벌할 수가 없다. 임훈재는 삼겨린, 오재묵의 인척, 시친들까지 모두 조사했다. 초검이 끝나자 이웃 고을 수령에게 복검과 삼검을 의뢰하는 공문을 보냈다. 재검과 삼검에서도 특별히 수상한 점은 눈에 띄지 않았다.

정신질환은 현대에도 완치가 어려운 병이라 약물로 증세를 완화하거나 안정시킬 수밖에 없다. 물론 심리치료를 병행하기도 하고 물리치료를 병행하기도 하지만, 대다수의 환자가 치료를 지속적으로 하지 않아 재발하는 경우가 많다.

역사적으로 보면, 조선왕실에서도 정신질환을 앓은 사람이 있었다. 연산군은 미치광이라고 해도 과언이 아닐 정도로 닥치는 대로 사람들을 죽이고 음란한 행동을 일삼다가 왕좌에서 쫓겨났다. 사도세자는 영조의 가혹한 교육을 견디지 못하고 울화증을 앓다가 정신이상자가 되었다. 그는 영조가 꾸중을 할 때 기절하며 이상증세를 보이기도 했고 궁녀와 내관들을 함부로 죽이는 잔혹성을 보이기도 했다. 조현증으로 보이는 그의 정신질환은 점점 심해졌고 마침내는 아버지 영조에 의해 뒤주에 갇혀 죽게 된다.

기록은 많지 않지만, 일반 백성 중에도 정신질환을 앓는 사람이 많았을 것

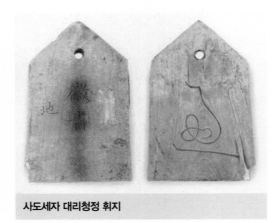

사도세자 대리청정 휘지

이다. 조선시대에는 오늘날처럼 정신질환에 대한 치료제가 개발되어 있지 않았다. 조선시대 정신질환자에 의해 살인을 당한 피해자뿐 아니라 정신질환자 역시 불행한 사람들이라고 할 수 있다.

제4부 희살(戱殺)
장난·희롱으로 죽인 살인사건

희살

희살은 장난을 하다가 저지른 살인이나 희롱으로 저지른 살인이다. 현대의 연쇄살인마들은 살인을 즐기는 경향이 있는데 조선시대에는 권력자들이 장난 삼아 살인을 저지른 일이 많았다. 특히 악독한 주인에 속한 종들이 이러한 희살의 대상이 되었다.

성종 때 유효손이라는 자가 자신의 여종을 인두로 지지고 발뒤꿈치에 구멍을 뚫어 삼줄로 묶었는데 가벼운 처벌을 받았다. 종들은 주인에게 살해되어도 고발할 수 없었다. 주인도 종을 살해하면 처벌받는 조항이 있었으나 실제로 적용되는 일은 거의 없었다.

10장

남자가 첩을 두면
부처님도
돌아앉는다

사건 10

신자치의 아내 숙비

살인사건은 대부분 욕망 때문에 일어난다. 조선시대에는 남자가 여러 첩을 거느릴 수 있었기 때문에 본처와 첩 사이에 살인사건이 자주 발생했다. 간부(奸夫)가 간부(奸婦)와 짜고 본부(本夫, 본남편)를 죽이는 일이 자주 실록에 기록되었다.

조선시대 첩은 여종이 많았다. 남자의 사랑을 받더라도 본처에게 무서운 질투를 받고 때로는 생명의 위협을 받기도 했다. 권채라는 인물처럼 조선시대 전기에 문장이 가장 뛰어나다고 평가받는 사람이었지만 그가 종을 첩으로 들이자 그의 아내가 질투하여 바늘로 찌르고 인분을 먹이는 등 가혹한 짓을 저지르다가 발각되어 조선 사회에 큰 충격을 준 경우도 있었다.

초부(樵夫, 나무꾼) 황개는 지게를 지고 콧노래를 부르면서 천천히 낙산을 오르기 시작했다. 온 산이 타는 듯이 붉던 단풍이 우수수 떨어지고 가을이 깊어가고 있었다. 가을이 더 깊어지기 전에 나무를 잔뜩 해야 겨울을 따뜻하게 보낼 수 있을 것이다.

"형님, 뭐 좋은 일이라도 있소?"

사촌동생 황신이 지게를 지고 따라오면서 물었다. 그들은 흥인문(興仁門) 밖에 거주하면서 나무를 하여 저자에서 파는 가난한 초부였다.

"좋은 일은 무슨……. 이제 곧 겨울이 올 테니 나무 값이 오를 것이 아닌가?"

겨울에는 방마다 불을 지펴야 하니 나무 값이 오르는 것은 당연하다. 나무야 시골에서 올라오는 대추나무 장작이 가장 좋지만 참나무와 소나무도 좋은 값을 받을 수 있다.

"그러게요. 나무를 좋은 값으로 팔아야 할 텐데……."

"좋은 장작을 많이 쌓았으니 겨울이야 좋게 나겠지."

그렇게 둘은 서로를 북돋우며 산길을 올랐다.

"그런데 저건 뭐지?"

앞에서 산을 오르던 황개가 걸음을 멈추고 지겟작대기로 숲을 가리켰다.

"뭔데요? 호랑이라도 나타났소?"

호랑이가 먹이를 찾으러 때때로 도성 안까지 나타나 사람들을 놀라게 하고는 했었다.

"아니야. 사람인 것 같아."

"어디요?"

"저기."

"그러게. 가봅시다."

두 사람은 칡넝쿨로 가려져 있는 하얀 옷 무더기를 향해 걸음을 서둘렀다. 칡넝쿨에 버려져 있는 여자는 흰옷 차림에, 몸이 깡말라 있었고, 여기저기 핏자국이 엉켜 있었다.

"시체인가?"

황개와 황신은 긴장하여 여자를 살폈다. 여자는 20대 초반으로 보였고 눈을 감고 있었다.

"어떻게 하지?"

"관에 신고해야지."

"괜히 우리만 경치는 거 아니야?"

"신고 안 해도 잘못하면 우리가 경을 칠 거야."

황개와 황신은 나무 베던 작업을 팽개치고 동부 관아로 가서 신고했다.

동부 관령 정춘수는 나무꾼들을 따라 흥인문 밖 산으로 올라가자 숨이 턱까지 차올랐다. 이마에는 땀방울이 송골송골 맺히고 입에서는 열기가 뿜어졌다. 그래도 숲은 청정했고 서늘한 바람이 불었다. 여자는 칡넝쿨 사이에 버려져 있었다.

"죽었나?"

정춘수는 혼잣말처럼 중얼거렸다. 나무꾼의 신고를 받고 낙산 중턱까지 올라가는 길이었다.

흥인문
사진은 일제강점기의 흥인문(동대문) 풍경이다.

수원광교박물관 소장

"저희는 모릅니다."

황개가 곤혹스러운 표정으로 대답했다.

"살펴보게."

정춘수는 이마의 땀을 식히고 있는 약방에게 지시했다. 약방이 조심스럽게 여자에게 다가갔다. 그는 여자의 맥을 잡고 눈까풀을 뒤집어보았다.

"살아있습니다."

약방이 정춘수를 돌아보고 말했다. 정춘수는 여자에게 조심스럽게 다가갔다. 여자는 고문이라도 당한 듯이 온몸에 피멍이 있었고 불로 지진 듯한 상처도 있었다.

"속히 동부로 데려가서 치료하게."

정춘수는 여자가 살아있다면 여자를 버린 범인을 쉽게 찾을 수 있을 것이라 판단했다. 아직 여자가 죽지 않았지만 죽으면 살인사건으로 발전한다.

"이 여자를 업어라."

동부 율관이 황개 형제에게 지시했다.

"지게에 지고 동부로 갈 수 없지 않느냐? 사람을 살리는 일이니 복을 받을 것이다."

황개는 어리둥절하여 관령 정춘수를 쳐다보았다.

"그리하라."

정춘수가 단호하게 영을 내렸다. 황개는 황신과 약방의 도움을 받아 여자를 등에 업었다. 다행히 여자는 마른 장작처럼 가벼웠다. 그래도 날이 워낙 습하여, 여자를 등에 업고 동부 관아까지 가는 동안 땀이 흥건하게 흘러내렸다.

여자는 약방이 침을 놓고 약을 떠먹이는데도 좀처럼 의식을 회복하지 못했다. 여자가 의식이 없으니 신원을 알 수도 없고 누구에게 당했는지도 알 수 없었다. 정춘수는 나졸들을 풀어 낙산으로 오르는 길 인근에서 행방불명이 된 여자가 있는지 탐문했다. 나졸들이 며칠 동안 이 잡듯이 탐문을 하고 돌아다녔는데도 여자의 신원을 찾을 수 없었다.

정춘수는 일단 한성부와 형조에 보고했다.

"어떤가?"

정춘수는 율관 이행검에게 물었다.

"여자는 아직 정신을 차리지 못하고 있습니다."

이행검은 율과에 급제한 지 한 달밖에 되지 않았다.

"살 수는 있겠는가?"

"의식을 회복하지 못하는지라…….."

"피멍은 몽둥이에 맞은 상처인가?"

"예. 인두로 지진 듯한 상처와 쇠꼬챙이로 찌른 듯한 상처도 있습니다."

"인두는 어디를 지졌는가?"

"가슴과 음문을 지졌습니다."

"머리를 깎은 것은 무엇 때문인가?"

"범인을 잡아야 알 것 같습니다."

"이는 분명히 아녀자들의 투기에 의한 짓일 것이다."

정춘수가 눈을 부릅뜨며 말했다.

다행히 여자가 동부 관아에 온 지 닷새가 지났을 때 북부에서 참봉 신자치(愼自治)의 여종 도리(道里)가 행방불명이라는 첩정이 들어왔다.

정춘수는 즉시 신자치의 집으로 달려가 여종 하나를 동부 관아로 끌고 왔다.

"네 이름이 무엇이냐?"

"큰년이입니다."

"너의 집에서 며칠 전에 집 나간 여종이 있느냐?"

"예. 도리라는 여종이 집을 나갔습니다."

"그 여종이 약방에 있는 여자인지 확인하라."

큰년이가 벌벌 떨면서 약방에 가서 도리의 신원을 확인했다.

"도리는 무엇을 하는 계집이냐?"

정춘수는 다시 큰년이를 신문하기 시작했다.

"주인 나리 댁의 여종이었으나 첩이 되었습니다."

"첩이 되었는데 어찌 저렇게 학대를 한 것이냐?"

"송구합니다. 마님께서 노부인과 함께……."

신자치의 처는 이숙비(李淑非)였고 이숙비가 그녀의 친정어머니와 함께 몽둥이로 때리고 머리를 깎고 인두로 음문을 지지는 등 온갖 악행을 저질렀다고 했다.

정춘수는 신자치 처 이숙비와 그녀의 친정어머니에 대한 조사를 마친 뒤에 한성부와 사헌부에 보고했다.

"북부의 참봉 신자치의 아내 이 씨가 그 어미 막생(莫生)과 더불어 신자치가 간통한 계집종 도리를 시샘하여 그의 머리를 깎고 고략(拷掠)하며 또 쇠를 달구어 가슴과 음문을 지지고 하여 몸에 완전한 살이 없게 하여 저 흥인문 밖 산골짜기에 버려두었으니, 그 잔인함이 막심합니다. 이 씨 모녀를 청컨대 국문하게 하소서."

사헌부에서 아뢰자 성종은 의금부에 가두어 국문하게 했다.

"신자치의 아내 숙비가 질투로 인하여 계집종 도리를 죽이기를 그 어미 막생과 꾀하여 얼굴·가슴·음문 등을 단근질한 죄는, 율(律)이 '가장(家長)'이 관사(官司)에 고하지 아니하고 노비를 구타해 죽인 것은 장(杖) 1백 대에 처하고, 죄가 없는데 죽인 자는 장 60대와 도(徒) 1년에 처하며, 당방 인구(當房人口, 한집에 거느리고 사는 식구. 처자와 가족)는 모두 놓아서 종량(從良, 노비를 면하게 해주는 것)하게 한다'는 데에 해당합니다. 숙비는 수범(首犯)이므로 장(杖) 60대에 도(徒) 1년인데, 여자이므로 장(杖) 100대를 단의 결벌(單衣決罰, 홑옷만 입히고 곤장을 때리는 것)하고, 나머지 죄는 속(贖)하게 하며, 막생은 수종(隨從)이므로 한 등을 감하여 결장(決杖) 100대에 처하고, 도리와 당방 인구는 다 놓아서 종량하게 하며, 신자치가 가장으로서 금제(禁制)하지 못한 죄는, 율(律)이 '불응위사리중자(不應爲事理重者, 해서는 안 될 일을 범한 죄)'에 해당하므로 장(杖) 80대에 처하고, 고신(告身) 3등을 빼앗게 하소서."

의금부에서 아뢰었다.

"신자치의 아내 숙비는 질투와 사나움이 참혹하여 풍속과 교화에 관계가 있으니 징계하지 아니할 수 없는데, 부인은 곤장을 때릴 수 없으므로 다만 외방(外方)에 부처(付處)하게 하고, 신자치는 공신의 아들이므로 고신(告身)만 거두고 역시 외방에 부처하게 하소서. 아내가 이미 그 지아비를 지아비로 여기지 아니하였고, 질투는 칠거지악(七去之惡)의 하나이므로 마땅히 이이(離異, 이혼)시켜서 풍속을 바로잡게 할 것이며, 그 어미 막생은 그 딸을 도와서 잔인하고 사나움을 부렸으니, 역시 외방에 부처하게 하소서."

정창손, 신숙주, 한명회 등이 아뢰었다.

신자치의 처 이숙비가 여종 도리를 학대한 사건은 성종시대에 상당한 문제가 되었던 사건이었다. 사대부들은 양반 여인이 그토록 잔인하다는 사실에 놀랐고 여자의 투기로 인해 신자치까지 처벌을 받았다. 또 하나는 사족 여인은 곤장을 때리지 않는다는 율문의 조항에 따라 귀양을 가고 칠거지악을 범했으므로 강제로 이혼을 당했다. 신자치의 여종 도리는 노비에서 면천이 되었다.

'아아, 내가 어쩌다가 이렇게 되었을까?'

이숙비는 보따리 하나를 들고 성문을 나서면서 몇 번이나 뒤를 돌아보았다. 부처에 처하라는 왕명이 내려져 그녀는 나졸들에 의해 머나먼 경상도 남쪽 산음 땅으로 끌려가는 중이었다. 산음으로 끌려가는 것은 고통스럽지 않

곤장

앉으나 남편 신자치와 이혼을 한 것은 너무나 비통했다.

'한 남자와 한 여자가 혼례를 올리는 것은 백년해로하기 위한 것인데…….'

집에서도 쫓겨나고 이혼까지 당하니 하늘이 무너지는 것 같았다. 도리에게 모질게 한 것을 후회하지는 않았다. 도리는 천한 여종이면서 그녀의 남편을 빼앗아갔다. 죽여도 분이 풀리지 않을 것 같았으나 그녀를 때리고 인두로 지지기만 했다.

"네년이 음란하여 서방님을 유혹한 것이다."

남편과 도리가 발가벗고 뒹굴고 있는 모습을 생각하면 피가 역류하는 것 같았다. 도리를 학대한 일이 죄라고 생각하지 않았다. 그러나 그녀는 죄인이 되어 산음으로 끌려가고 있었다.

"어서 갑시다. 이렇게 걸어서 언제 산음까지 가겠소?"

나졸이 그녀의 걸음을 재촉했다. 어제 내린 눈이 쌓여 길은 미끄럽고 날씨는 몹시 추웠다. 북풍한설이 매섭게 등을 때렸다. 이숙비는 걸음이 잘 떨어지지 않았으나 엎어지고 넘어지면서 한강에 이르렀다.

"배를 타고 목계까지 갈 것이오. 문경에서 새재를 넘으면 한결 빨리 갈 수 있소."

나졸이 다시 말했다. 이숙비는 삼개나루에서 배를 타고 목계로 향했다. 강바람이 칼날처럼 매서웠으나 그 길이 지름길이었다. 강이 얼면 뱃길도 끊어졌을 테지만, 한강은 아직 얼지 않아서 배가 빠르게 나아갈 수 있었다.

"무슨 죄수요?"

누군가 그녀를 힐끔거리고 살피면서 나졸에게 물었다. 나졸이 호송을 하고 있으니 죄수라고 본 것이다.

〈기방무사〉 신윤복 作
조선시대 축첩제도로 즐거운 것은 남성 쪽이었다.

"살인 죄수요?"

"아니오."

"양반인 것 같은데 죄수가 되었으니 간부로군."

텁석부리 사내가 깔깔대고 웃었다. 배는 해가 질 때에야 목계에 닿았고 이숙비는 나졸과 함께 역참에 들었다. 충주 지경에 있는 수안보에 이른 것은 이튿날 오후의 일이었다.

"재를 넘으려면 여러 사람이 함께 넘어야 해. 새재에는 옛날부터 산적들이 있었어."

사람들이 새재를 바라보면서 웅성거렸다. 이숙비는 이튿날 여러 사람들과 함께 새재를 넘었다. 이숙비가 산음에 도착한 것은 한양을 떠난 지 열흘이 되었을 때였다.

'내가 여기서 평생을 보내야 한다는 말인가?'

산골짜기 깊은 계곡에 있는 움막에 이르자 이숙비는 하염없이 울었다.

조선은 축첩제도를 허락하여 많은 문제를 야기했다. 첩을 두면서 즐거운 것은 남자 한 사람이었고 불행한 것은 처와 첩이었다. 축첩제도는 처와 첩만을 불행하게 만든 것이 아니라 그 자식들까지 불행하게 만들었다. 첩을 통해 낳은 자식은 서자 또는 얼자로 불렸다. 서자는 관청의 이속밖에 할 것이 없었고 양반의 반열에 들지 못했다.

축첩제도는 조선시대 5백 년 동안 계속되었다. 구한말이 되자 외세가 도도하게 밀려오기 시작했고 여성들의 자각 운동이 일어나 축첩제도를 폐지하라는 집회까지 일어났다. 여자들은 왕이 먼저 모범을 보여야 한다면서 왕도 후궁을 두어서는 안 된다고 주장했다.

"폐하께서 먼저 후궁을 물리치고 공경대부부터 미관말직 일반 서민에 이르기까지 첩을 두지 말라는 칙령을 내리소서.”

여자들이 소복을 입고 시위를 벌이자 유생들이 경악하여 담뱃대를 휘두르면서 소리를 질렀다.

“아니, 주상 전하께 후궁을 두지 말라니 저 무슨 무엄한 짓인가?”

늙은 유생이 경악하여 펄펄 뛰었다. 축첩제도는 결국 일제강점기가 되면서 폐지되었으나 1970년대까지 첩으로 산 여인들이 있을 정도로 민간에 뿌리 깊이 박혀 있었고 조선 여인들의 눈물과 한이 서린 제도였다.

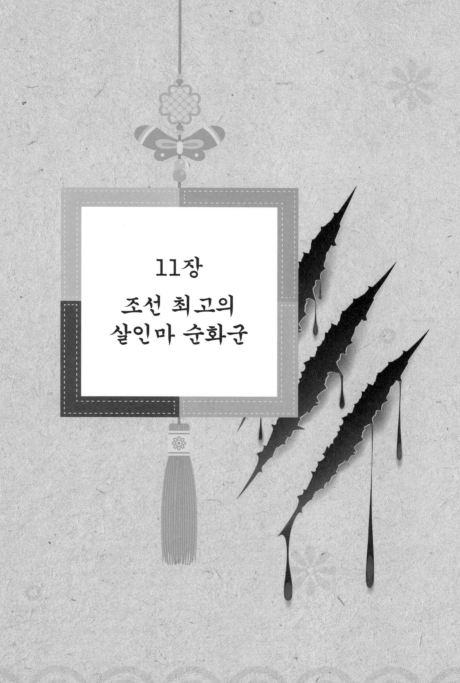

11장
조선 최고의
살인마 순화군

법 위에 있던 조선의 왕자

조선시대에는 과연 법이 공정하게 적용되고 재판은 공정하게 이루어졌을
까? 살인사건의 경우 재판이 3심까지 이루어졌지만 공정하게 법이 집행되지
는 않았다. 절대권력자인 왕은 법 위에 군림하고 있었고 왕실은 법으로부터
도 보호받았다. 왕과 왕실뿐만이 아니라 조선을 지배하는 사대부들도 기득권
으로서 보호받았다.

조선의 율문에 팔의(八議)라는 제도가 있었다. 팔의는 철저하게 기득권층
을 보호하기 위한 제도로 팔의에 해당되면 체포하거나 조사를 받을 때 임금
과 대신들의 논의를 거쳐야 했다. 팔의는 의친(議親), 의고(議故), 의공(議功),
의현(議賢), 의능(議能), 의근(議勤), 의귀(議貴), 의빈(議賓)인데, 이들에게 모두
평의한다는 의미로 '의(議)'가 들어가서 팔의라 하였다.

조선의 개국과 함께 《대명률(大明律)》이 조선의 법으로 이용되기 시작하면서, 팔의 관련 조항도 그 범위와 구성에서 조선의 현실에 맞게 약간 변화되어 적용되었다.

수원 부사 최산립(崔山立)은 순화군(順和君) 이보(李㻂)가 수원부로 유배를 오자 가슴이 덜컥 내려앉는 것 같았다. 한양에서 해마다 무고한 사람을 10여 명이나 죽였다는 순화군 이보의 소문을 익히 들어 알고 있었기 때문이다.

'마른하늘에 날벼락을 맞는구나.'

수원 화성

최산립은 눈앞이 캄캄해지는 기분이었다. 유배라고 해도 왕자니까 그가 머무는 곳은 궁이 될 것이고, 궁노들도 적지 않게 따라올 것이니 이런저런 준비가 필요해야 했다. 또 유배지에 와서도 그가 온갖 행패를 부릴 것은 불을 보듯 뻔했다.

최산립은 순화군이 머물 숙소를 준비해 놓고 부청에 앉아 공무를 처리했다. 죄인들이 유배를 오게 되면 모두 배소지의 관아에 와서 신고를 해야 했다.

"순화군이 도착했느냐?"

순화군은 해가 기울 때까지 부청에 와서 신고를 하지 않았다.

"예. 한 시진 전에 도착하여 궁으로 들어갔습니다."

"궁의 경비를 철저하게 하라. 불미한 일이 있어서는 안 된다."

최산립이 종사관에게 명을 내렸다. 순화군은 왕자니 그가 머무는 곳은 궁이 된다. 최산립은 종사관에게 지시하고 대청을 서성거렸다. 10월 하순이었다. 날씨가 점점 추워지고 해가 짧아지고 있었다.

"사또, 퇴청하지 않으십니까?"

유수부의 판관이 최산립에게 물었다.

"순화군이 궁에 도착했다고 하니 신고하러 오지 않겠느냐?"

"오지 않을 것입니다. 사또께서 인사를 가야 할 것입니다."

종사관의 말에 최산립의 얼굴이 굳어졌다.

"순화군은 왕자로서 온 것이 아니라 죄인으로 유배를 온 것이다."

최산립이 날이 어둑어둑해지고 있는 읍내를 내려다보면서 말했다. 이에 종사관이 고했다.

"내일 아침에 가시지요."

"알았네."

최산립은 무겁게 한숨을 내쉬었다. 이튿날 아침이 되자 최산립은 수원부의 관리들을 대동하고 순화군을 찾아갔다. 순화군은 궁노들과 궁비들의 시중을 받고 있었고 옷차림이 화려하여 마치 소풍이라도 나온 것 같았다. 유배를 온 죄인들은 비단옷을 입을 수 없고 흰옷을 입어야 했다.

"왕자마마를 뵙습니다."

최산립은 대청에서 인사를 올렸다.

"부사 영감, 참 빨리도 인사를 올리는구려."

순화군이 얼굴 가득히 미소를 떠올리면서 조롱했다. 그는 긴 칼을 옆에 차고 있었다.

'한양에서 저 칼로 닥치는 대로 사람을 죽였겠지.'

최산립은 순화군의 칼을 가만히 쏘아보았다.

"송구합니다. 원래는 죄수가 관아에 와서 신고를 하는 것이 법도입니다."

"부사, 죄수라고 했소?"

순화군의 언성이 높아지고 두 눈에서 불꽃이 일어났다.

"송구하옵니다."

"좋소. 부사는 당장 술과 꿩고기를 준비하여 들이시오."

"왕자마마, 그게 무슨 말씀입니까?"

"내가 술이 마시고 싶어 그렇소. 함께 술을 마시면 우리가 더 친해질 수 있지 않겠소?"

"마마, 그럴 수 없습니다. 마마께서는 지금 유배를 와 계십니다."

"그래서 못하겠다는 거요?"

"마마, 그것은 할 수 없는 일입니다."

"이 칼이 목을 베어도 할 수 없소?"

"없습니다."

"이 칼이 부사의 목을 벨지 모르니 조심하시오."

"왕자마마."

궁노와 궁비들이 일제히 만류했다. 최산립은 머리카락이 일제히 곤추서는 것 같았다.

"소인, 물러가겠습니다."

최산립은 화가 나서 그대로 궁을 나왔다. 순화군이 아무리 왕자라고 해도 안하무인이 따로 없다.

'저런 왕자가 있으면 조선이 망하지 않겠는가?'

최산립은 수원부로 돌아오면서 가슴속이 답답해져옴을 느꼈다.

그런데 순화군은 걸핏하면 최산립을 위협했다. 최산립은 순화군의 협박을 견디다 못해 꿩고기와 술을 순화군에게 바쳤다. 또 순화군은 궁에 유배되어 있으면서 부사 놀이를 시작했다. 수원부에서 형장과 형구를 가져다가 궁에 늘어놓고 종들에게 직접 매질을 했다. 순화군의 악행에 대한 소문이 한양까지 파다하게 퍼졌다.

"순화군을 수원에 정배한 것은 그곳이 서울에서 가깝고 길도 곧아 그가 폐단을 일으키는 일들을 쉽게 들을 수 있는 점 때문이었다. 이번에 마침 물건을 하사할 일이 있어 사람을 보내 살펴보게 하였더니, 그가 일으키는 폐단이 한두 가지가 아니었다. 형장을 늘어놓고 하인들에게 멋대로 형벌을 가해 향리(鄕吏) 두 사람이 현재 형장을 받아 곧 죽게 될 형편이라고 하니, 매우 놀라운 일이다. 그 고을의 수령은 그가 멋대로 형장 도구를 가져가는 것을 엄중히 단속하지 않아 무고한 백성이 그의 잔인한 학대를 받게 하였을 뿐만 아니라, 온갖 폐단을 일으킨 실상을 감사에게 아뢰지도 않았다. 그리고 순화군이 내려간 지 며칠 후에 상중(喪中)에 있는 순화군에게 꿩과 닭을 가지고 가 납공(納供)까지 하였으니, 그의 법을 무시하는 패악한 짓과 아양을 부리는 간사한 태도는 극도에 이른 것이다. 부사(府使) 최산립은 나래하여 추국하도록 하라. 그리고 폐단을 부린 일에 대해 데리고 있는 종이 낱낱이 알고 있을 것이니, 종도 또한 잡아 올려 치죄하도록 하라. 최산립은 파출(罷黜)시키고 대간이나 시종의 관원 중에서 강명(剛明)하고 법을 잘 지키는 자를 특별히 가려 보내도록 하라."

선조는 수원 부사 최산립을 파직하고 권경우를 임명했다.

순화군은 선조와 순빈 김 씨의 소생이었다. 어릴 때부터 성품이 패악하여 왕실의 골칫거리가 되었다. 선조는 정비에게서는 자식이 없었으나 후궁들에게서는 여러 아들과 딸을 낳았다. 그러나 왕자들이 모두 패악했다. 임해군을 비롯하여 정원군과 순화군이 거리에서 만나는 사람들까지 함부로 죽이면서 백성들은 왕자들이 나타나면 달아나기에 바빴다.

1592년 임진왜란이 일어났다. 순화군은 일본군에 맞서기 위해 강원도로 파견된 처조부 황정욱을 따라 강원도로 갔다. 그러나 일본군은 빠르게 진격하여 문경 새재를 넘었고 근왕병 모집은 뜻대로 되지 않았다. 일본군은 파죽지세로 진격하여 선조는 한양을 버리고 의주까지 몽진했다. 순화군은 임해군이 있는 회령으로 피했다.

순화군은 나라가 위기에 빠졌는데도 일본군과 싸울 생각을 하지 않고 술을 마시고 행패를 부렸다. 회령에는 전주 출신의 국경인이라는 인물이 죄를 지어 유배를 와 있었다. 그는 회령부의 아전이 되어 재물을 끌어 모으는 무뢰한 이었다. 회령에 온 순화군은 국경인과 마찰을 빚었다. 왕자라는 신분을 이용해 국경인에게 행패를 부렸다. 국경인의 재물을 빼앗고 그에게 매질을 했다.

'새파랗게 젊은 왕자 놈이 나라를 구할 생각을 하지 않고……'

국경인은 순화군에게 이를 갈았다. 일본군은 이미 회령 가까이 진출해 있었다. 국경인은 친척들과 동료들을 모아 반란을 일으켜 임해군과 순화군 그리고 근왕병을 모으려고 애쓰던 대신들을 잡아서 일본군에 넘겼다.

일본군의 포로가 된 임해군과 순화군은 가토 기요미사의 강압으로 선조에게 일본군에 항복하라고 권유하는 편지까지 썼다. 순화군은 1593년 일본으로 압송되기 직전에 명나라 장수 심유경과의 협상이 이루어져 석방되었다. 일본에 항복하고 임금에게 항복하라는 서찰을 보낸 그들은 죽을죄에 해당되었으나 아무도 처벌받지 않았다.

순화군은 일본군의 포로가 되었다가 석방된 뒤에도 패악한 짓을 멈추지 않았다. 순화군은 사람을 죽이고 궁녀들을 간음했다. 친어머니인 순빈 김 씨가 죽어서 장례를 치르고 있는 여막에서 어머니의 궁녀들을 간음하는 패륜을 저지른 것이다. 실록에는 간음이라고 기록되어 있지만 실제로는 강간이었다.

선조는 순화군과 간음한 여종 둘을 잡아다가 조사를 한 뒤에 오히려 그녀들을 먼 섬으로 유배를 보냈다. 순화군을 탄핵하는 대신들의 상소가 빗발쳤다.

"순화군 이보가 어려서부터 성질이 괴팍하여 내 이미 그가 사람 노릇을 못

광교산 전투　　　　　　　　　　　　　　　　　　　　　　　용인시박물관 소장
1592년 음력 6월 6일에서 6월 7일까지 양일간 용인 광교산에서 이루어진 조선의 하삼도 육군 6만 대군
과 일본군 1600명과의 교전을 그린 것이다.

할 줄 알아 마음속으로 항상 걱정하였는데, 성장해서도 그의 소행은 차마 형
언할 수 없을 정도이다. 앞서 여러 차례에 걸쳐 살인을 하였으나 부자간의 정
의로 아비가 자식을 위해 숨기며 은혜가 의리를 덮어야 해서, 그때 나는 한마
디도 하지 않고 유사(有司)의 조처에 맡겨두고서 오직 마음을 태우고 부끄러
워할 뿐이었다. 그 후 대사령으로 인하여 다행히 죽음을 면하였으나 패악한
행동은 더욱 기탄하는 바가 없었다. 오늘 빈전(殯殿)의 곁 여막에서 제 어미의
배비(陪婢)를 겁간하였으니 경악을 금할 수 없다. 내 차마 입 밖에 내지 못하
겠으나 말하지 않을 수 없다. 국가의 치욕과 내 마음의 침통함을 어떻게 말할

수 있겠는가. 내가 이 자식을 둔 것은 곧 나의 죄로서 군하(群下)를 볼 면목이 없다. 다만 내가 차마 직접 정죄(定罪)할 수 없으니, 유사로 하여금 법에 의해 처단하게 하라."

선조가 비망기를 내렸다. 짐승이나 다를 바 없는 순화군을 자식이라고 말하는 선조에게서 조선 국왕의 어리석은 면모를 볼 수 있다. 최산립이 파직되고 권경우가 수원 부사로 부임했으나 그 역시 순화군과의 마찰은 피할 수가 없었다.

"수원 부사 권경우의 첩정(牒呈)에 순화군이 화를 낸 사실을 자주 말했는데, 그중에는 왕자가 말을 탄 채로 차고 있던 긴 칼을 뽑아 기둥을 치면서 말하기를, '부사(府使) 몸에서는 피가 나오지 않다더냐' 하였고, 또 이달 1일에 망궐례(望闕禮)를 행하고 곧바로 궁문으로 갔는데 궁 안의 방자(房子)가 도장이 찍힌 봉지(封紙)를 가져왔기에 펴보았더니 먹으로 머리통 하나를 그려놓고 그 곁에는 '부사 권경우의 잘린 머리통이다' 하고 적혀 있어 너무나 황공하고 어지러움을 느꼈다는 내용이 있었습니다. 이것으로 본다면 왕자의 성격이 비록 정상이 아니어서 혹시 그러한 말을 하였다고 하더라도, 그가 당초 부임하던 날 즉시 왕자에게 나아가 뵙지 않고서 출관(出官)부터 먼저 했다가 왕자의 미움을 산 것이었고, 그 후로도 손을 써서 화를 풀어주지는 못하고 겁에 질려 어쩔 줄 몰라 본부(本府)에 발도 들여놓지 못합니다. 명령을 내리고 백성 다스리고 하는 모든 일에 대하여 어찌할 수 없는 것처럼 방치해두고 있으니, 이러한 사람은 하루도 관(官)에 있게 할 수 없습니다. 그를 빨리 파직시켜 내쫓고 다시 강명(剛明)한 대간·시종 중에서 골라 보내도록 하소서."

권경우도 파직되었다. 수원은 부사가 공석이 되었다.

"이달 18일에 도착한 수원부 아전의 문장(文狀)에 '순화군이 채물(茱物)이 좋지 않다고 하며 수문(水門)을 부수고 나와, 원두(園頭)를 관리하는 노(奴) 임동(林同)의 숙모를 손수 잡아들여다 20여 차례 형문하였는데 직접 결장(決杖)하였다' 하고, 28일에 이어 도착한 문장에는 '읍내에 사는 김영수(金永水)가 궁에 상직(上直)하러 나갔을 때 수문으로 잡아들여다 20여 차례 형문하였는데 직접 결장하고, 그가 입고 있던 의복을 전부 불태웠다' 하였으며, 오늘 도착한 문장에는 '쇠고기와 생선 등을 올리지 않는다는 이유로 고자(庫子)인 노 어리손(於里孫)의 가옥을 이달 28일 2경에 순화군이 직접 밖으로 나와 불을 질러 전소시켰으며, 이달 27일 초혼에는 일용하는 촉병(燭柄)을 올리는 일로 나간 화공(畫工) 정업수(鄭業水)를 수문으로 잡아들여다 40여 차례 형문하였는데 손수 결장하였다' 하였습니다. 궁문을 봉하여 폐쇄한 뒤로 즉시 담장을 헐고 나와 여염에 출입하므로 앞으로 온 고을이 전부 비어 봄 농사를 짓지 못하게 되었으니 매우 염려됩니다."

수원부에는 부사가 없어서 아전이 경기도 관찰사 남이신(南以信)에게 보고했다.

수원 부사 박이장(朴而章)은 마치 악귀를 만난 듯한 기분이었다. 순화군이 갈수록 포악해지고 있었다. 박이장은 공무를 처리하는 것보다 순화군을 감시하는 일에 더욱 치중했다. 순화군에게 불미스러운 일이 일어나면 조정에서 문책을 할 것이 분명했다. 그러나 순화군은 담을 부수고 수문을 통해 출입했다. 군사들은 감히 그의 앞을 막지 못했다.

"사또, 순화군이 수문으로 사람을 내보내 술을 갖다가 마셨습니다."

순화군이 있는 궁을 지키던 군관이 와서 보고했다.

"술을 궁노가 직접 가져갔느냐?"

"원금이라는 종이 가져갔습니다."

"원금은 어디에 있는가?"

"원금은 순화군에게 맞아 피투성이가 되었습니다. 수원부 객사에 있습니다."

박이장은 객사로 가서 원금을 살폈다. 원금은 온몸이 피투성이가 되어 살아 있는 것이 기적 같았다.

"무슨 이유로 자네를 이렇게 때렸는가?"

"왕자마마께 불손하다고 형틀에 묶어 놓고 곤장을 때렸습니다. 마마께서 손수 결장하셨습니다."

원금이 비통하여 울음을 터뜨렸다. 결장했다는 것은 직접 곤장으로 때렸다는 것이다.

"상처를 잘 치료해주어라."

박이장은 순화군이 행패를 부리는 것을 모두 기록하여 경기 감영으로 보고했다.

"주질개라는 여자가 순화군에게 끌려가 당했습니다."

군관이 다시 달려와 보고했다.

"주질개는 누구인가?"

"수원부의 관비입니다. 약주를 가지고 갔는데 수문으로 잡아들여 곤장을 때리고 발가벗겨서 기둥에 묶어 놓고 밤새도록 희롱했다고 합니다."

형틀

　보고하는 군관의 표정이 어두웠다. 순화군은 밤이 되면 수문을 통해 밖으로 나가 행패를 부렸다. 주민은 순화군이 두려워 도망을 치기 일쑤였다. 당시 수원에는 역질이 돌아 민심이 흉흉했다. 수원부의 군사 장석을시는 역질 때문에 맹인 맹무녀를 불러다가 굿판을 벌이고 있었다. 이때 순화군이 나타나 장석을시와 맹무녀를 잡아갔다. 순화군은 그들을 형틀에 묶어 놓고 처절하게 고문했다.

　"이 계집을 발가벗겨서 기둥에 묶어라."

　순화군은 맹무녀를 발가벗겨 기둥에 묶은 뒤 망치로 생니를 부수고 집게로 끄집어냈다. 맹무녀가 처절한 비명을 질러댔으나 순화군은 미쳐 날뛰었다. 맹무녀의 생니를 망치로 때려 부수거나 강제로 뽑아 결국 죽음에 이르게 했다. 맹무녀가 죽자 순화군은 시체를 담 밖에 버렸다.

"이놈은 왕자가 아니라 악귀다."

박이장은 맹무녀의 처참한 시체를 보고 몸을 떨었다. 그는 순화군의 악행을 낱낱이 보고했다. 순화군을 탄핵하는 상소가 빗발쳤다. 순화군은 다시 한양으로 압송되었다.

의금부 경력 종4품 김명환은 나장을 동원하여 순화궁을 에워싸고 담을 높이 쌓았다. 의금부 도사로부터 순화군 이보가 궁 밖으로 한 걸음도 나오지 못하게 하라고 특명이 내려진 것이다.

"순화군은 살인귀다. 궁 안에서 죽어야 한다."

도사가 낮게 말했다.

"하오나 왕자가 가만히 있겠습니까?"

"절대로 나오지 못하게 하라."

의금부 도사는 더 말하고 싶은 것이 있는 듯했으나 입을 다물었다.

"순화군이 죽지 않으면 내가 죽는다."

김명환은 나장들을 거느리고 순화군을 에워싸면서 긴장했다. 순화군이 잠자코 있지 않을 것이 분명했기 때문이다.

"대문에 못을 박아라."

김명환은 대문을 봉쇄하려고 했다.

"이놈들아, 이게 무슨 짓이냐?"

그때 순화군이 달려나와 악다구니를 퍼부었다. 나장들이 모두 김명환을 쳐다보았다.

"왕자마마 안으로 들어가시지요?"

김명환은 순화군에게 조용히 말했다.

"이놈! 네놈이 죽고 싶어 환장을 했느냐?"

"들어가십시오."

"못 들어간다. 네 마음대로 해봐라."

순화군이 대문에 벌렁 누웠다.

"나장들은 등을 돌려라."

김명환이 명을 내리자 나장들이 일제히 등을 돌렸다. 순화군이 어리둥절하여 김명환을 쳐다보았다. 그때 김명환이 발로 그의 얼굴을 밟았다. 순화군은 마치 쇳덩어리가 얼굴에 내려앉는 것 같았다. 김명환의 발길은 그의 가슴팍과 복부에도 사정없이 내리꽂혔다. 순화군은 혼이 나갈 정도로 얻어맞았다. 순화군은 대문 안으로 도망쳐 달아났다.

"내가 아바마마께 고하여 네놈을 갈기갈기 찢어죽일 것이다."

순화군은 이를 갈았다.

"여봐라, 게 아무도 없느냐?"

"예."

궁녀 막비가 쪼르르 달려왔다.

"술상을 들여라."

"예."

막비가 대답을 하고 나갔다. 그러나 한참이 지나도 막비가 술상을 들여오지 않았다.

"막비야! 막비는 어디 있느냐?"

순화군은 눈이 뒤집혀 칼을 뽑아 들었다. 그러나 이상하게 사방이 조용했다. 순화군이 이리저리 뛰어다니면서 궁노들을 찾아보았으나 아무도 없었다.

'아, 배고파 죽겠는데 모두 어디로 간 것이냐?'

순화군은 궁노들을 기다리다가 탈진하여 잠이 들었다.

조선의 임금들 중에 자식 교육을 가장 잘못한 왕이 선조이다. 선조는 임해군, 정원군, 순화군이 모두 패악하여 골머리를 앓았다. 임해군은 기생을 빼앗기 위해 특진관 유희서를 살해하여 조정을 발칵 뒤집어놓았고 정원군은 길에서 사람들을 베어 죽였다.

"정원군이 그의 궁노를 멋대로 놓아두어 하원군부인(河原君夫人)을 구금했는데도 궁노를 추문하지 못했으니 다른 것이야 말해 무엇 하겠는가. 왕자들의 폐단이 한결같이 이렇게까지 극도에 이르니 한탄스럽다. 자식을 의로운 방도로 가르치는 것을 옛사람이 귀하게 여긴 것은 참으로 이 때문이다."

조선왕조실록을 쓴 사관이 비판했다. 선조는 자신의 아들들이 포학한데도 이를 벌하지 않았다. 오히려 아들을 두둔하고 이를 탄핵하는 대간들을 비난했다. 순화군은 연금 상태에 있다가 몇 달 되지 않아 죽었다.

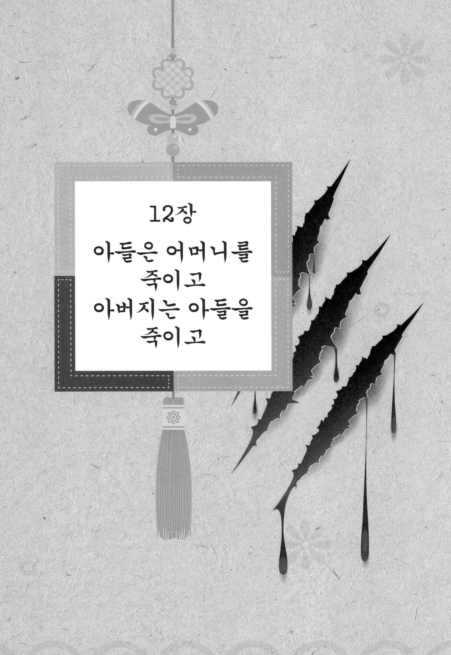

12장

아들은 어머니를
죽이고
아버지는 아들을
죽이고

김명익 일가 열 명 몰사사건

조선에서는 연쇄살인 기록은 찾아볼 수 없고 실록에 몇 건의 대량살인이 기록되어 있을 뿐이다. 조선시대 영조 때 경기도 광주에서는 김대뢰의 종 영만이 일가와 종까지 30여 명을 저주로 살해했다고 하여 종 세적이 영만을 죽이고 관아에 자수한 일이 있었다. 그런데 세적은 의로운 일을 했다고 하여 장 60대만 맞고 석방되었다. 단순하게 저주를 하여 30여 명을 살해했다는 것은 쉽게 믿을 수 없는 기록이다. 다른 사건에서는 암행어사나 안핵사를 파견하여 조사를 했던 영조가 이 사건에 대해서는 언급이 없다.

영조는 4년 전인 영조 6년에 순정이라는 궁녀가 자신의 일족을 모조리 죽이려고 했다고 선언하고, 창경궁의 흙을 모조리 파내어 사람 인골, 짚인형, 부적 따위의 저주용 물건을 발굴한 후 인정문 앞에서 궁녀들을 직접 신문하

창경궁

여 처형한 일이 있었다. 조선시대 사람들은 저주로도 사람이 죽는다고 생각하여 저주하는 사람을 극형으로 다스렸다.

한편, 숙종 9년에는 더욱 기이한 사건이 발생했다.

함경도 경성 판관 이화진(李華鎭)이 김명익(金鳴益)의 집에 도착했을 즈음에는 때 아닌 겨울비까지 부슬부슬 내리고 있어서 분위기가 더욱 음산했다. 이화진은 나졸들에게 김명익의 집을 에워싸게 하고 율관과 종사관을 거느리고 대문 안으로 들어갔다. 대문에 들어서자 기이한 약 냄새와 피 비린내가 진동했다. 시체는 여기저기에 널브러져 있고 방마다 피로 벌창이 되어 있었다.

"사또, 검험을 해야 합니까?"

율관이 얼굴을 잔뜩 찡그리고 물었다.

"검험을 해서 무얼 하나? 두 놈이 자수를 하지 않았나?"

이화진도 얼굴을 찡그리고 말했다.

"재검과 복검을 실시하지 않습니까?"

"초사를 준비해서 감영에 올리게."

이화진은 초검을 실시하지 않았다. 김명익의 집안이 발광하여 서로 죽인 것을 살인이라고 생각하지 않았다. 게다가 두 놈이 살아서 자수까지 한 것이다.

여자들은 모두 안방에 죽어 있었다. 어떤 여자는 저고리가 벗겨져 가슴이 허옇게 드러나 있었고, 어떤 여자는 치마가 젖혀져 하체가 고스란히 드러나 있었다. 기이하게도 여자들은 머리를 산발한 채였고 저고리는 함부로 풀어져 있었다. 집주인 김명익도 죽어 있었고 어머니로 보이는 늙은 여자도 죽어 있었다.

"모두 몇 구인가?"

이화진은 다른 방을 살폈다. 다른 방에도 시체가 여기저기 널브러져 있었다. 시체는 칼로 난자당해 상처가 쩍쩍 벌어져 있었다. 피는 사방으로 튀어 있어서 살인자가 미쳐 날뛰기라도 한 것 같았다.

"10구입니다."

"허어. 그럼 열 명이 서로 죽이고 죽은 것이 아닌가?"

서로 죽이고 죽는 것을 교호살인(交互殺人)이라고 한다.

"예. 백삼길(白三吉)의 진술이 그렇습니다."

김명익의 일가 중에 유일하게 살아있는 사람이 사위 백삼길과 아들 김유백(金裕白)이었다.

이화진은 김명익의 집을 자세히 둘러보고 밖으로 나왔다. 시체가 쌓여 있는 그 집에 한시도 머무르고 싶지 않았다. 이화진이 밖으로 나오자 마을 사람들이 잔뜩 몰려와 웅성거리고 있었다.

"왜들 몰려온 것인가?"

이화진은 종사관을 향해 물었다.

"향임이 드릴 말씀이 있다고 합니다."

"가까이 와서 말하라고 하라."

이화진이 영을 내리자 늙수그레한 사내가 다가와서 허리를 굽실거렸다.

"무슨 일인가?"

이화진은 향임의 얼굴을 힐끗 쏘아보았다.

"사또, 마을 사람들이 빨리 시체를 매장하고 집을 불태우기를 바라고 있습니다. 모두 기이한 일이라고 무서워하고 있습니다."

"발광해서 일어난 일이라고 하지 않나?"

"사람들이 귀신이 조화를 부린 것이라고 무서워합니다."

"요언을 퍼뜨리지 말라고 하라. 쓸데없는 말을 퍼뜨리면 모두 잡아 가둘 것이다."

이화진은 엄중하게 영을 내렸다.

함경도 경성부에서 일어난 일가족 몰사사건이 함경도 감영을 통해 보고되자 조정은 발칵 뒤집혔다.

"일가족이 서로 찔러 죽이다니 괴변이 아닌가?"

형조판서 김덕원(金德遠)은 오한이 엄습하는 것처럼 몸을 떨었다.

"대감, 판관의 보고가 너무 허술합니다."

병조참판이 고개를 흔들었다.

"이화진이가 왜 이런 장계를 올렸는지 모르겠군. 사건이 어떻게 하여 발생했는지 도무지 알 수가 없어."

김덕원은 고개를 갸우뚱했다. 일가족이 발광하여 서로 찔러 죽었다는 경성 판관 이화진의 보고는 초검 발사도 없고 내막도 자세하지 않았다. 그러나 숙종에게 보고하지 않을 수 없었다. 그러잖아도 경상도와 전라도에 크게 흉년

함경도 경성읍성

이 들어 많은 사람이 굶어 죽어 대책을 논의하기 위해 대신들이 입시해 있었다. 김덕원은 천천히 김명익 가족의 몰사사건을 보고했다. 숙종에게 보고하는 이야기를 듣고 있던 대신들이 모두 웅성거렸다. 대신들도 처음 들어보는 일가족 몰사사건이었던 것이다.

"참으로 해괴한 일이다. 어찌 가족들이 서로 죽이는가?"

젊은 국왕 숙종이 놀라서 안색이 변했다. 그의 안색이 변하는 것을 보고 대신들은 긴장했다.

"경성 판관이 일을 제대로 하지 않아 어찌하여 이런 일이 벌어졌는지 도무지 알 수 없습니다."

도승지 김만중이 송구스러운 듯이 아뢰었다. 숙종은 불과 열아홉 살밖에 되지 않았을 때 조정을 장악하고 있던 남인들을 대대적으로 숙청했다. 이제 3년이 지났으니 스물두 살밖에 안 되었지만 어느 임금보다도 명철했다.

"살인사건을 조사할 때에는 해당 수령이 검험을 철저하게 해야 합니다. 그런데도 재검이나 복검을 청하지도 않았습니다."

형조판서 김덕원이 아뢰었다. 이화진에게 죄를 물어야 한다는 뜻을 우회적으로 말하고 있는 것이다.

"지금은 자세히 알 수 없으나 강상의 죄를 지은 것 같습니다. 삼성추국을 해야 합니다."

우의정 이상진, 좌의정 민정중, 영돈령 민유중이 아뢰었다. 민유중은 인현왕후의 아버지였다.

"경성 판관이 사건을 두루뭉술하게 다루었다. 판관이라는 자가 어찌 이와 같은 행태를 보이는가. 이화진을 변방으로 유배시키라."

숙종이 명을 내렸다. 이화진은 중국 사신단의 서장관으로 임명될 정도로 학문이 뛰어난 사람이었다. 그러나 김명익 일가족 몰사사건을 잘못 다루어 유배를 갔다가 다시 발탁된다.

"경성에 경차관을 파견해야 합니다."

형조판서 김덕원이 아뢰었다.

"형조에서 파견하라."

숙종이 귀찮다는 듯이 손을 내저었다. 숙종의 명을 받은 형조판서 김덕원은 경성에 검율 심만수를 파견했다.

경차관에 임명된 형조 검율 심만수가 함경도 감영을 거쳐 경성에 이른 것은 한양을 떠난 지 열흘이 되었을 때였다. 중간에 눈보라를 만나 행렬이 더딜 수밖에 없었다. 게다가 눈보라가 그치고 나자 강추위가 몰아쳤다.

"나리, 그 사람들이 서로를 죽였다니 해괴하지 않습니까?"

율관 김준서가 이해할 수 없다는 표정으로 물었다.

"그러니까 조사를 하러 가는 것이 아닌가?"

"아무리 미쳤다고 해도 자식이 아버지를 죽이고 아버지가 자식을 죽였다는 사실이 믿어지지 않습니다."

심만수는 고갯마루에 올라서서 경성 읍내를 한눈에 쓸어보았다. 멀리 산 밑에 도호부가 보이고 옹기종기 모여 있는 집들이 보였다. 경성읍은 지극히 평화로워보였다.

"어휴, 이런 동리에서 일가족 몰사사건이 일어나다니……."

"서두르자. 날이 어두워지기 전에……."

심만수는 걸음을 재촉했다. 그래도 경성읍에 들어섰을 때에는 날이 어둑어둑했다. 심만수는 경성 읍내의 한 주막에 여장을 풀었다.

"어디서 오는 길손이유?"

주모가 국밥을 말아 가지고 왔다.

"함흥에서 오는 길일세. 회령을 거쳐 백두산이나 한번 오를까 해서……."

"백두산 좋지유. 사람이 태어나서 금강산과 백두산은 꼭 한 번 올라야 한다고 안 그래요? 그런데 하필이면 겨울에 왔어요?"

"겨울 백두산도 일절이라고 하여 왔네."

심만수는 주모에게 막걸리까지 청하여 시원하게 한 사발 들이키고 국밥을 떴다. 비로소 꽁꽁 언 몸이 녹는 듯했다.

"그런데 경성에서 큰 살인사건이 터졌다면서? 주모는 들어본 일이 있소?"

"듣다마다요. 사람들이 모이기만 하면 그 이야기인 걸."

"그래. 어떻게 된 일이오?"

"어떻게 되긴 뭐가 어떻게 돼요? 귀신이 조화를 부렸지. 그래도 판관 나리께서 제사를 지내 이젠 조용해요."

"판관 나리가 제사를 지냈다고?"

"사람들이 모두 무서워해서 어쩔 줄을 모르니 제사를 지낸 거지요."

심만수는 주모와 술 마시러 온 남자들로부터 김명익 일가에 닥친 이야기를 들을 수 있었다.

이튿날, 심만수는 도호부를 바로 찾아가지 않고 김명익의 집 주변을 돌아다니면서 사건을 탐문했다.

"집안이 좀 이상했습니다. 남자나 여자 모두 횡설수설했어요."

마을 사람들은 김명익의 집안사람들과 가까이 지내는 것을 꺼렸다고 했다.

"광증이 있었다는 말입니까?"

"귀신 들린 것처럼 헛소리를 자주했어요."

"그런 말을 한 지 오래됐습니까?"

"몇 달 된 것 같습니다."

마을 사람이 고개를 갸우뚱하면서 대답했다. 심만수는 마을을 돌다가 지팡이를 짚고 걷는 노인을 만났다.

"광증은 김명익이 마누라가 먼저 생겼지. 사람들에게 공연히 시비를 걸고……, 누가 자기를 해치려고 한다고 의심을 하고……."

"해치려고 한 사람이 있었습니까?"

"그런 일 할 사람이 어디 있어! 공연히 혼자서 의심을 한 거지."

마을 사람들의 말은 모두 비슷비슷했다. 심만수는 경성 도호부를 찾아가서 관리들을 만났다. 판관 이화진은 왕의 특명에 의해 회령으로 유배를 가 있었고 부사는 아직 부임하지 않은 상태였다. 심만수는 경성부 종사관의 안내를 받아 김명익의 집으로 갔다. 김명익의 집은 사건이 일어난 지 한 달밖에 되지 않았는데 금방이라도 무너질 것처럼 폐허가 되어 있었다.

"아이고, 정말 귀신이 나올 것 같네."

율관이 대문으로 들어서면서 호들갑을 떨었다. 사람이 열 명이나 죽었기 때문인지 대문을 넘어서자 싸한 느낌이 들었다.

"시체는 어찌하였소?"

"일단 매장을 했습니다."

도호부 종사관은 30대의 젊은 사내였다.

"검험은 허였소?"

"처음에는 하지 않았으나 조정에서 첩보가 내려와 삼검까지 하였습니다."

심만수는 대청으로 올라가 방을 살폈다. 시체는 없었으나 곳곳에 핏자국이 말라붙어 있어서 끔찍했다.

"죄인들은 어디에 있소?"

"도호부 구류간에 있습니다."

심만수는 김명익의 집을 둘러보고 도호부로 들어갔다. 그는 먼저 초검 검안을 꼼꼼하게 살폈다. 검안에는 시체의 참혹한 모습이 그대로 기록되어 있었다.

"김명익의 어머니 안 소사는 가슴과 복부에 커다란 자상(刺傷, 찔린 상처)이 있고 복부의 자상은 내장이 빠져나올 정도로 깊고 컸다. 김유백의 아내 윤 소사는 왼쪽 흉부가 절개되어 있고 목이 베어져 있었다. 오른쪽 허벅지에도 5곳의 자상이 있는데 모두 길이가 5촌, 깊이가 7촌 이상이다. 현장에서 찾은 식도의 길이와 맞아 떨어진다. 백삼길의 아내고 사촌 누이인 김간난은 가슴과 복부에 깊은 절창이 있고 목이 잘라져 머리와 몸통이 따로 있었다."

심만수는 초검 검안을 읽으면서 무겁게 한숨을 내쉬었다.

"김유백이 공술하기를, '네 어미가 귀신에 씌워 요사스러운 짓을 하고 있다. 어미를 죽여라' 하여 쳐다보니 과연 머리는 산발하고 눈에서는 이상한 광채가 뿜어져 칼로 찔렀다. 아버지가 또 아내를 죽이라고 하여 아내를 찔러 죽였다. 아버지는 할머니를 찔러 죽이고 두 딸을 찔러 죽였다."

김유백의 초검 발사는 내용이 오락가락했다.

"어째서 발사의 내용이 왔다 갔다 하는 것이오?"

"김유백의 정신이 오락가락하고 있습니다."

종사관이 탐탁지 않은 표정으로 대답했다.

구류간에서 끌려나온 김유백은 수염이 텁수룩하고 얼굴이 초췌했다. 눈이 깊고 우묵했으나 넋이 나간 듯 초점이 없었다.

"네 이름이 무엇이냐?"

심만수는 율관을 옆에 앉혀놓고 김유백을 신문하기 시작했다.

"김유백입니다."

목소리는 작았으나 또렷했다.

"가족이 모두 몇인가?"

"열 명입니다."

"누구누구인지 말해 보아라."

"어머니, 아버지, 아내, 여동생 둘 사촌, 고모, 고모의 남편 백삼길……. 그리고 소인입니다. 남자 종과 종의 아들이 있습니다. 어머니……, 아버지……, 할머니……. 흐흐……. 아버지가 할머니를 죽이고 내가 어머니를 죽였어. 아니야, 어머니가 아니라 요사스러운 귀신이야. 귀신이 밤마다 우리 집에 왔어."

김유백이 갑자기 횡설수설하기 시작했다.

"이놈! 무슨 짓거리를 하는 것이냐?"

김유백의 눈에서 서늘한 광채가 뿜어지는 것을 보고 심만수는 가슴이 철렁했다.

"내가 지금 공초를 바치고 있지 않소?"

"아들은 죄인뿐이냐?"

"남동생 둘이 있었는데 천연두로 봄에 죽었습니다."

김유백의 목소리가 또렷했다. 김유백이 다시 횡설수설하더니 울음을 터뜨렸다. 그는 자신이 부모와 아내를 살해한 금수만도 못한 놈이라면서 통곡했다. 그러더니 갑자기 껄껄대고 웃으면서 귀신이 도호부에 왔다고 횡설수설했다. 심만수는 김유백을 신문하는 것이 소용없을지도 모른다고 생각했다.

"천연두로 두 동생만 죽었느냐?"

"저희들도 모두 천연두에 걸렸는데……. 두 동생이 먼저 죽자 아버지가 회령에 가서 약을 구해 왔습니다. 그 약을 먹고 저희들은 살아났습니다."

"그 약이 천연두에 특효약이었나?"

"그런 것 같았습니다. 약을 먹자 몸이 개운하고 상쾌했습니다."

"그 약을 지금도 갖고 있나?"

"아닙니다. 약이 떨어져 아버지가 다시 구하러 갔지만 구하지 못했습니다."

심만수는 잠시 생각에 잠겼다. 김명익 일가가 갑자기 발광한 이유를 찾을 수 없었다.

"평소에도 발광한 일이 있는가?"

"없습니다."

"집안에 발광한 자가 있는가?"

"없습니다."

"그럼 금년에 처음으로 일가가 모두 발광했다는 말인가?"

김유백은 선뜻 대답하지 않았다.

"어찌하여 이런 일이 일어난 것인가?"

김유백은 계속 대답을 하지 않았다.

"처음에 아버지가 어머니를 칼로 찌르고 두 여동생과 사촌 고모를 귀신이 들렸다고 찔러 죽였습니다. 어머니가 죽지 않자 저에게 찌르라고 하여 제가 찔렀습니다."

"어찌 감히 어미를 찌른다는 말인가?"

"아버지의 말에 따라 어머니를 보니 산짐승과 들짐승 같아서 찔렀습니다."

"다음에는 어떻게 하였는가?"

"아버지가 아내를 죽이라고 하여 그렇게 했습니다."

"다음에는?"

심만수가 언성을 높였다.

"아버지가 종에게 지시하여 자식을 찔러 죽이게 하고 아버지가 종을 찔러 죽였습니다."

"다음에는?"

"백삼길이 아버지를 죽였습니다."

"너는 어찌 살아있는 것이냐?"

"백삼길이 저를 죽이려고 배를 찔렀는데 살았습니다."

심만수는 김유백이 아무래도 정신이 온전하지 않다고 생각했다. 심만수는 백삼길을 불러 신문했다. 백삼길은 김유백보다 더욱 정신이 온전하지 못해 말을 알아듣지도 못했다.

심만수는 판관 이화진이 작성한 초사를 가져다가 살폈다.

"김명익의 여러 아들이 천연두를 앓았는데 한 아들이 미치광이 말을 하여 김명익이 요사스러운 귀신이 붙었다면서 불침을 주었다. 그러자 여러 아들이 갑자기 발광을 하여 칼을 들고 날뛰면서 서로를 죽이니 몸과 머리가 여기저기 흩어져 있었다."

초사를 읽은 심만수는 자신도 모르게 입이 벌어졌다. 초검 발사와 김유백의 진술이 달랐던 것이다. 심만수는 김유백에게 형장을 때리면서 신문했다. 그러나 김유백은 진술을 할 때마다 이야기가 달랐다.

'정신이 온전하지 않아 진술을 받을 수 없다.'

심만수는 김유백의 진술을 받는 것을 포기했다.

김명익 일가족 몰사사건은 살인자들이 횡설수설했기 때문에 제대로 신문이 이루어질 수 없었다. 그러나 종이 주인을 살해하고 자식이 부모를 살해했다는 일부 진술을 바탕으로 강상의 죄라고 하여 삼성추국이 열렸다. 김유백에게는 가장 무거운 능지처사, 백삼길에게는 참수형이 선고되었다. 어린아이나 정신이상자에게는 율을 적용하지 않는다는 조선의 법전《대명률》은 여기에서 거론도 되지 않았다. 일가족 열 명의 대량살인사건이라는 사실이 김유백과 백삼길에게《대명률》을 적용하지 않게 한 것이다.

김명익 일가족 몰사사건은 살인의 동기가 정확하게 밝혀지지 않았다. 일가족이 갑자기 발광하여 서로가 서로를 죽였다는 것은 미스터리다. 이는 당시 경성 판관이었던 이화진이 검험을 잘못한 결과일 수 있다. 경차관이 파견되었으나 그가 어떠한 조사를 했는지는 기록에 없다.

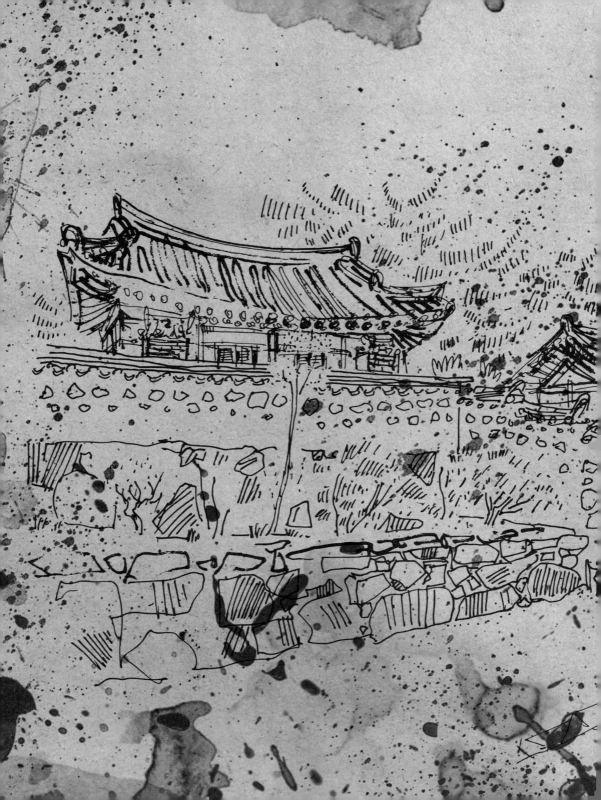

제5부 복수(復讐)
원수를 갚는 살인사건

복수

조선의 법은 살인에 대해 상명의 법을 원칙으로 한다. 사람의 목숨을 빼앗는 자는 목숨으로 갚아야 한다는 상명을 법으로 하여 처벌한다는 의미다. 단, 예외 조항이 있다. 조부모를 살해한 자를 현장에서 살해하거나 한 달이 되기 전에 살해하는 것은 효를 실현했다고 하여 무죄가 되었다. 지아비의 복수를 하거나 형제의 복수를 하는 것, 간음한 간부(奸婦)나 간부(奸夫)를 남자가 현장에서 죽이는 것도 무죄가 되었다. 하지만 간음하는 본부(本夫, 남편)를 아내가 현장에서 살해하면 오히려 아내가 남편을 살해했다고 하여 강상의 죄가 적용되었다. 부모의 복수를 위해 노비가 주인을 살해해도 강상의 죄가 적용되었다. 모든 복수에는 고한(辜限)이라고 하여 기한이 있었다. 한 달 안에 복수를 하면 무죄가 되고 한 달 후에 복수를 하면 유죄가 되었다.

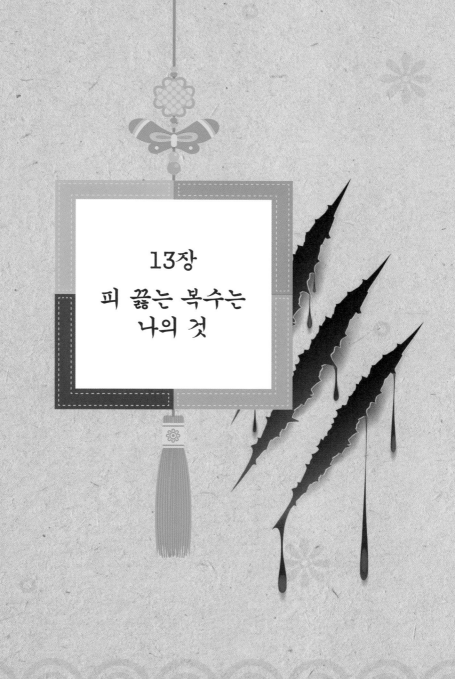

13장
피 끓는 복수는
나의 것

사건
13

강진 윤항 사건

조선의 법은 상명의 법을 표방하고 있기 때문에 정당방위를 폭넓게 인정하고 있다. 살인자는 목숨으로 갚아야 하니 법으로 죽여도 되고 피해자의 가족이 죽여도 되었다. 가족이 사사로이 복수를 하는 것을 정당방위로 본 것이다.

조선을 지배하는 성리학자들의 정신세계를 관통하는 유교의 예(禮)가 조선의 법에도 적용되었다. 임금에게 충성하고 부모에 대한 효를 행하고 이를 위반하는 것은 강상의 죄고, 강상을 지키는 것은 무죄가 되는 것이다. 부모형제가 누군가에게 살해당할 때 현장에서 복수하거나 아내가 간음할 때 현장에서 간부(奸夫)나 간부(奸婦)를 죽이면 무죄가 된다. 그러나 이렇게 되면 법이 필요 없게 된다. 그래서 일정한 기한을 두어 복수를 하게 하여 정당방위를 인정한 것이다.

正祖大王 御真

정조 어진

1788년 정조 12년 1월 2일. 정초의 쌀쌀한 날씨가 계속되고 있는데 강진 현아 앞에 한 사내가 어깨와 허리에 붉은 것을 두르고 나타나 무릎을 꿇었다. 현아를 드나드는 사람들은 어리둥절하여 사내를 힐끔거렸다. 사내의 눈빛이 흉측하여 감히 말을 붙이는 사람이 없었다.

"무슨 일로 왔소?"

현아를 지키는 나졸이 물었으나 대답하지 않았다.

"어깨에 감은 것은 뭐요?"

"개의 창자요."

"개의 창자를 왜 감고 있소?"

"실은 원수의 창자요."

"원수의 창자? 그럼 사람의 창자란 말이오?"

"그렇소. 아버지를 살해한 원수의 배를 갈라 간을 씹고 창자를 꺼내 몸에 감고 자수하러 왔소."

사내의 말에 나졸은 경악했다. 나졸은 황급히 도장(都將) 김몽룡(金夢龍)에게 보고하고 김몽룡이 강진 현감 성종인에게 보고했다. 성종인이 경악하여 사내를 동헌으로 불러 신문했다.

"너는 어디 사는 누구인가?"

"소인은 강진 창골에 사는 윤항(尹恒)이라고 합니다."

"몸에 두른 것이 정녕 사람의 창자냐?"

"그렇습니다."

"어찌하여 사람의 창자를 몸에 두르고 온 것이냐?"

"소인의 아비 윤덕규(尹德圭)를 서족 윤언서(尹彦緒)와 윤태서(尹太緒)가 살해하여 그 복수를 위해 죽이고 배를 갈라서 간을 씹어 먹고 창자를 꺼내 몸에 감고 와서 자수하는 것입니다. 사또께서 처벌해주십시오."

윤항의 당당한 말에 성종인은 마른침을 삼켰다. 윤항의 몸에 감고 있는 창자를 보자 구역질이 올라올 것 같았다. 동헌 앞에 도열해 있는 나졸들도 모두 얼굴을 찡그리고 있었다.

"윤언서를 살해했다고 했느냐?"

"예."

"윤언서의 시체는 어디에 있느냐?"

"창골에 있습니다."

"윤언서를 혼자서 살해했느냐?"

"형님인 윤침(尹忱)과 함께 살해했습니다."

"죄수를 하옥하라. 윤언서의 시체를 먼저 검험할 것이다."

강진 현감 성종인은 윤항을 하옥하게 하고 검험할 준비를 했다.

정초라 현의 관리들은 집에서 명절을 즐기고 있었다. 아이들은 설빔을 입고 세배를 다니거나 연을 날리면서 즐거워했다. 성종인도 아이들의 세배를 받고 현의 유지들과 함께 음식을 나누면서 즐겁게 지낼 요량이었다. 저녁에는 기생들까지 불러 잔치를 벌일 생각이었는데 살인사건이 터진 것이다. 게다가 윤항이라는 자는 사람의 창자까지 몸에 감고 나타나 현아를 발칵 뒤집어놓은 것이다.

"사또, 준비가 되었습니다."

도장 김몽룡이 성종인에게 보고했다. 김몽룡을 필두로 율관, 약방, 오작인들이 검험 준비를 하고 도열해 있고 나졸들도 웅성거리고 있었다. 그들도 정초에 일어난 엽기적인 살인사건 때문에 귀찮아하고 있었다.

　"가자."

　성종인은 관리들을 쓸어보고 현아를 나섰다. 사건 현장은 현아에서 5리나 떨어진 북촌 창골 마을에 있었다. 시체를 본 성종인은 구역질이 올라올 것 같았다.

　"검험을 철저하게 하라. 하나도 빠뜨리면 안 된다."

　성종인은 명을 내라고 고개를 돌렸다. 눈은 내리지 않았으나 들판은 황량했고 산들도 암울한 잿빛이었다.

　"시장부터 작성하겠습니다."

　율관과 약방이 시체를 살피면서 말했다. 시체 주위는 피가 낭자하게 흘러내려 얼어붙어 있었다.

　"시체는 식도와 기도에서 왼쪽 귓불까지 칼에 찔린 상처는 가로 길이 5촌, 넓이 8푼, 구멍 깊이가 1촌 2푼으로 살갗이 째지고 살이 삐져나왔습니다."

　약방이 자로 상처를 재면서 말했다. 율관이 재빨리 시장에 기록했다.

　"유엽상인가?"

　"예."

　유엽상은 버드나무 잎사귀 모양으로 벌어진 상처로 살아있을 때 찔리거나 베인 상처는 버드나무 잎사귀 모양으로 벌어진다. 죽은 시체는 상처가 벌어지지 않기 때문에 언제 찔렸는지 알 수 있는 것이다.

　"복부의 칼에 찔린 곳은 둘레가 2척 7촌 8푼입니다. 살갗이 찢어지고 살이

삐져나오고 오장도 빠져나와 있습니다."

한마디로 배를 갈라 오장을 꺼냈다는 것이다.

"간은 있는가?"

"없습니다."

"소장(小腸)은?"

"없습니다."

소장은 윤항이 몸에 감고 있던 창자다.

"소장을 재었는가?"

"하옥을 한 뒤에 재었는데 29척 2촌(약 8.78미터)입니다."

성종인은 사람의 창자가 길기도 길다고 생각했다.

"식도와 기도는 모두 인간의 요해로 치명적인 상처입니다. 마구 난자하여 상처 면적이 넓고 오장이 빠져 나와 매우 잔인합니다. 실인(살해된 사람의 죽은 원인)을 피자치사(被刺致死)로 현록합니다."

성종인은 초검 발사에 윤언서의 사망 원인을 자상으로 인한 과다출혈로 기록했다.

윤항은 집안의 서족인 윤언서와 윤태서가 아버지 윤덕규를 죽였기 때문에 아버지의 복수를 한 것이라고 주장했다. 성종인은 윤덕규의 죽음에 대해서 살펴보았다. 윤덕규는 서족인 윤태서, 윤언서 형제와 사소한 일로 주먹으로 치고 발로 차면서 싸운 일이 있었는데 30일 만에 죽었다. 윤덕규가 죽었을 때 윤항은 윤태서, 윤언서 형제가 죽였다고 강력하게 주장했다.

"윤덕규의 검안을 가져 오라."

성종인은 윤덕규의 검안을 다시 살폈다. 윤덕규의 검안에는 타살을 당했다는 상흔이 전혀 없었고 윤언서 형제와 싸운 지 38일이 지나 고한도 지나 있었다.

'그때 서얼로서 적자를 모욕한 죄로 네 차례나 형장을 가하고 석방했는데…….'

검안을 보자 윤항의 고발로 옥사가 이루어졌던 일이 떠올랐다. 윤덕규의 상처라고는 손가락에 6푼 정도의 살갗이 벗겨진 곳이 고작이었고 신랑이 부어올랐다고 주장했으나 고환에 이상이 없었다.

"윤덕규는 너희 형제에게 죽은 것이 아닌데 어찌 복수를 한다고 사람을 죽였는가?"

성종인은 윤항을 신문했다. 그의 형인 윤침도 잡아들였다.

"사또께서는 서얼의 족속이 적손을 능멸하는 것을 모른다는 말입니까?"

윤항은 눈을 부릅뜨고 호통을 쳤다.

"닥쳐라! 네가 감히 거짓을 고하느냐?"

"윤언서와 윤태서는 적손에게 대항하고 마침내 소인의 아비를 죽였습니다."

윤항은 펄펄 뛰었으나 성종인은 전라도 감영으로 보고를 올렸다. 이때 윤항의 여동생 윤임현(尹任賢)이 한양에 올라가 정조의 행차를 가로막고 격쟁을 했다.

"소인의 오라비 윤항은 아비를 죽인 윤언서를 죽이고 간을 꺼내 씹었습니다. 살부지자(殺父之者)는 불구대천의 원수고 아비의 복수를 한 자는 율로 다스리지 않는다고 하는데 오라비가 강진 현아에 갇혀 있으니 성상께서 굽어 살피소서."

어린 소녀가 올린 호소문이었다. 그녀의 호소는 계속되었다.

"저의 아비 덕규는 지난 해 3월에 환곡을 받는 일 때문에 창고에 갔었는데 문중의 서얼인 윤태서, 윤언서 형제가 환곡의 일을 가지고 다투다가 저희 아버지를 구타하였습니다. 현장에서 기절하여 38일 만에 사망하였으므로 즉시 관가에 고하였는데 검관은 모호한 말로 감영에 보고하여 옥사가 이루어지지 않았습니다. 저의 조부는 분통하여 단식하다가 자살했으며 저의 어미는 피를 토하고 울다가 사망하였습니다. 그래서 저의 두 오빠 윤항, 윤침, 서숙이 부모를 위해 복수한다는 마음을 품고 윤언서가 나오기를 기다려 3인이 칼날을 휘둘러 배를 가르고 간을 씹어 먹었습니다. 아비의 무덤에 가서 곡하고 관가에 자수했는데 두 오빠와 서숙은 칼을 씌워 옥에 가두고 윤태서는 석방하였습니다."

추관지에 있는 기록으로 윤언서를 윤효서로, 윤태임을 윤임현으로 서술하고 있다. 윤침과 서숙은 달아났다가 체포되었는데 위증을 하고 있다. 윤덕규의 죽음도 자살로, 윤덕규의 부인은 억울하여 피를 토하여 죽은 것으로 말했다.

"일이 의심스러운 사안에 관계되니 세 당상관은 제각기 의견을 갖추고 이치를 따져서 회계하라."

정조가 명을 내렸다. 4월이었다. 사람의 간을 꺼내 씹고 창자를 꺼내 몸에 감고 강진현에 자수한 윤항의 일로 조정은 벌집을 들쑤신 것 같았다.

"윤덕규가 죽었으니, 아무리 고한(辜限, 정당한 복수를 할 수 있는 기한)이 지났다 해도 윤태서와 윤언서를 무죄 방면한 것은 경솔한 일임을 면하기 어렵습니다."

형조판서 김종수(金鍾秀)가 아뢰었다.

"윤침과 윤항이 배를 갈라 간을 씹은 것으로 논해볼 때, 윤덕규가 매를 맞은 것 때문에 죽은 것을 알 수가 있습니다."

형조참판 홍수보(洪秀輔)와 형조참의 김노영(金魯永)이 아뢰었다.

정조는 즉시 윤항의 검안을 올리라고 지시했다.

"도리에 어긋난 일이었고, 고을의 수령이 편파적으로 처리한 것 또한 일상적인 인정과 어긋나는 것이었다. 조정에서 도백을 설치한 것은 소위 왕명을 펴는 책임을 맡기고 풍교(風敎)를 관할하도록 하고자 한 것인데, 도내에 이와 같은 원통한 일이 있는데도 깜깜하게 알지를 못해서 사람을 죽인 죄인이 요행히 죄를 벗어날 수 있게 만들고, 죄 없는 두 사람이 도리어 엉뚱한 재난을 당하게 하였다.

이처럼 어린 여자의 원통함을 하소연하는 것은 그 정황은 불쌍하지만 법으로는 옳지 않은 일이다. 도백이 그 직분을 소홀히 함이 이와 같으니, 추관(推官)인 고을의 수령이 판결을 잘못하고도 끝까지 고치려 하지 않는 것은 단지 그다음 문제이다. 해당 감사 심이지(沈頤之)를 우선 함사(緘辭)로 무거운 쪽으로 추고하라. 이 사건이 어찌 반드시 조사를 한 뒤에야 비로소 알 수 있는 일이겠는가. 윤침 등은 보증인을 세워 석방하고, 윤태서 등은 다시 가두어 감영에 있는 문서를 낱낱이 들어서 계속 따져 묻되, 그렇게 빨리 판결이 나게 된 전후 상황을 가능한 한 빠른 시일 내에 장문하도록 공문을 보내어 엄히 신칙하라."

정조가 명을 내렸다. 정조의 명이 내려지자 전라도 감영이 발칵 뒤집혔다. 전라도 관찰사 심이지는 직접 강진으로 달려가 조사를 했다.

"윤태서와 윤언서가 윤덕규를 때려서 죽게 했다는 분명한 증거가 없으니, 윤침과 윤항이 윤언서를 찔러 죽인 것은 저절로 사사로운 원한이 될 수밖에 없습니다. 그런데 또 그 형마저 함께 죽게 만든다면, 형벌을 신중히 처리하는 도리가 아닌 듯합니다."

전라도 관찰사 심이지가 아뢰었다. 그는 윤덕규 옥사의 초검 발사까지 상세하게 조사하여 보고했다.

"복수는 본래 허락하지 않는 것이고, 멋대로 죽이면서 또한 관청에 고하지 않은 것이니, 이는 의심스러운 사안이라 실정을 보아 너그럽게 용서하자는 논의를 내기가 어렵습니다."

형조에서도 아뢰었다.

"이 옥사는 이해하기가 어렵지 않다. 사람을 죽인 자는 사형에 처한다는 것은 천하 만세(天下萬歲)를 통틀어 바뀔 수 없는 법이다. 그러나 부모를 위해서 부끄러움을 씻고 분통함을 푸는 경우에는, 남을 때리거나 남에게 상처를 입히거나 심지어는 죽음에 이르게 하는 자라도 문득 법을 굽혀서 용서하는 경우가 많다. 대저 법례에서는 윤상과 의리를 가장 중요하게 여기기 때문에 경중을 비교하여 취사선택을 하는 것이 이처럼 분명한 것이다.

수치와 분노가 원수의 지경에까지 이르지 못하는 경우라도 그 일이 부모를 위하여 손을 쓴 것에 관계되면 도리어 살려주는 쪽에 부치는데, 하물며 이 옥사는 복수에 가까운 것임에랴. 윤덕규가 죽은 이유가 맞은 것 때문인지 병 때문인지를 따질 것 없이, 또 고한(辜限) 안이든 밖이든 간에, 그 상처는 저 완악한 놈에게서 말미암은 것이고 병이 된 것도 저 완악한 놈에게서 빌미가 생긴 것이다. 그러니 저 완악한 자들인 윤태서와 윤언서 두 사람이 윤덕규의 자식인 윤항과 윤침의 원수가 아닐 수 있겠는가.

이제 도백의 말을 따른다면 원수를 갚을 수 있는 사람이 없을 것이니, 그렇다면 복수한다는 한마디를 법례에서 없애버려야 한다는 말인가. 또 혹 부모를 위해서 부끄러움을 씻거나 그 분을 풀다가 사람을 죽이거나 상처를 입힌 사람들을 한마디 말도 없이 하나하나 목숨으로 갚게 해서, 죽음을 감해준다든가 매를 쳐서 유배한다든가 죄를 묻지 않는다든가 하는 법조문들을 모두 모아서 함께 수화(水火) 속에 집어던져도 무방하다는 것인가.

도백의 직분은 검률(檢律)과 달라서 법례와 윤의(倫義) 어느 한쪽도 폐기해서는 안 되는 것이다. 하물며 글을 지어 판하한 뒤에도 여전히 잘못된 것을 집요하게 고집하는 말을 거침없이 장황하게 떠벌리니, 실로 평범한 도리조차 이 도백에게는 책려하기 어렵구나. 그리고 편파적인 고을 수령은 죄인을 비호하면서 도리어 옥사를 굳게 성립시키지 못하고 목숨으로 갚게 하지 못할까 걱정하는 듯하니, 그 뜻을 알 수가 없다. 책망하는 교서를 지나치게 자주 내리는 것도 도리어 일을 가볍게 만드는 결과가 되니, 우선 그대로 두도록 하라. 그러나 이른바 초검관과 복검관은 결단코 그대로 둘 수 없으니, 백성을 돌보아야 할 책임을 짊어진 자가 풍교를 어지럽힌 것에 대해서 우선 옥사를 잘못 판단한 죄율을 시행하여, 해당 부서로 하여금 잡아다가 문초하여 처리하도록 하라. 본 옥사의 성안(成案)은 이제 논할 것이 없다. 본조에서는 판하한 글 속에 있는 말들을 낱낱이 들어 각도에 공문을 보내 제각기 염치를 돈독

대명률　　　　　　　　　　　　　　　　　　　국립중앙박물관 소장

하게 높이는 정치를 할 것을 유념하게 하라."

　정조가 5월에 영을 내렸다.

　윤항은 《대명률》 복수에 대한 조항을 교묘하게 이용했다. 그는 윤씨 가문의 적손으로 윤씨 가문 서손인 윤태서 윤언서 형제와 대립을 하고 있었다. 윤항의 아버지 윤덕규는 서족들을 공연히 괴롭히는 일이 잦았다. 그러다가 윤덕규와 언쟁을 하게 되었고 그 후 윤덕규가 죽게 된 것이다.

　윤덕규의 죽음은 강진 현감 성종인이 철저하게 검시를 했다. 그러나 구타로 인한 사망이라는 실질적인 증거가 없어서 옥사를 성립시키지 못했고 윤언서는 죄가 없었으나 서손이 적손과 대립했다는 이유로 곤장을 때려 석방한 것이다.

윤항은 아버지의 복수를 한다는 이유로 윤언서를 살해했다. 사실 윤씨 집 안의 싸움을 적손인 윤항 일가가 서손을 멸시하면서 일어난 사건이었다. 적 손인 윤항 일가가 서손을 억압하려고 했으나 뜻대로 되지 않아 윤언서를 살 해하고 복수했다고 정당방위를 주장한 것에 지나지 않았다. 정조는 이와 같 은 사실을 꿰뚫어보고도 복수를 인정했다. 그는 서족이 적족과 싸운 일 하나 가 살인보다 중하다고 강조했다.

14장
이상한 복수와
이상한 재판

손가락을 물려 죽은 살인사건

살인은 때때로 이해할 수 없는 일로 발생하기도 한다. 조선시대에는 저주로 사람을 죽일 수 있다고 믿었는데 이러한 사건으로 억울하게 옥사에 휘말린 사람도 적지 않다.

일례로 '약노의 반옥사건'에서는 이웃 사람이 저주를 하여 사람을 죽인다고 무고하여 10년 동안이나 옥살이를 해야 했다. 복덕이라는 여인은 후처였는데 시가 쪽 사람들이 차례로 죽자 저주로 살인을 한 것이라며 고발당했다. 오랜 옥사 끝에 복덕은 무죄가 되었다.

"대체로 한명주란 자는 재산은 부유하나 나이는 칠팔십 노인이라 신묘년에 홀아비가 된 후로 복덕과 비로소 같이 살게 되었는데, 한명주는 날로 늙어 생각이 혼미해지고, 복덕은 자녀가 많아 적서(嫡庶, 적자와 서자) 사이에 틈이 생

어사출두화 10곡 민화　　　　　　　　　　　　국립중앙박물관 소장
과거급제로 벼슬에 올라 지방수령들을 규찰하고 백성의 어려움을 헤아리는 암행어사가 되기를 바라는
조선시대 선비들의 인생관과 출세관이 담겨있는 그림이다.

기기 쉬웠다. 한명주의 자부 및 손부 된 자들은 혹 가정(家政)이 점차 침탈되
지 않을까 염려하고, 또 재산을 빼앗길까 두려워하여 일찍이 하루도 복덕을
꺼리지 않은 날이 없었다. 그러므로 남몰래 계책을 부려 독을 넣었다느니 조
왕신에게 절했다느니 흉물을 묻었다느니 하자, 50년이나 데리고 키운 한명주
까지도 그 말에 미혹하여 관가에 고발하였는데, 급하게 보면 단서가 서로 틀
리게 나오고, 천천히 고찰하면 맥락이 연결되니, 꾸민 계략과 마음 씀씀이를
추구해보면 교묘하고 참혹하다."

　사건은 한명주 일가가 원인 모르게 죽어 나가자 첩인 복덕이 저주를 하여
죽인 것이라고 고발당한 사건이다.

"죽을 나이가 다 된 80세 여인을 지금까지 오랫동안 가두고 갖가지 방법으로 형신을 가했으나 끝날 기약이 없다. 그뿐만 아니라 괴이한 것은 어사가 안핵(按覈)할 때에 복덕의 세 아들과 딸 하나를 마치 형제나 사위같이 엄하게 형신하여 공초를 받은 것인데, 이는 매우 상도(常道)를 벗어났을 뿐만 아니라 법전에서도 허락하지 않는 바이다. 그리고 측은하게 생각하는 점은 복덕의 자녀들이 아직도 억울한 죄를 뒤집어쓰고 있어 사람 축에 끼이지 못하고 있는데, 이것 또한 임금의 정사로서 차마 할 수 없는 일이다."

복덕은 80세가 가까운 노파인데 고문을 당했다.

"마침 심리하는 날을 당했으니 마땅히 사면하는 은전을 시행해야겠다. 복덕을 특별히 방면하고, 간련인들은 범행이 비록 경중이 같지 않으나, 이미 옥안이 뒤집혀진 뒤이니 사건이 오래되었다고 해서 내버려두고 묻지 않을 수는 없다. 김조이(金召史)·김대황(金大黃)·노랑덕(老郎德)·김봉이(金奉伊)·여관치(呂串致)·정지성(鄭之成)·김명도(金命濤)·김흥철(金興哲) 등은 이미 죽은 사람을 제외하고는 모두 한 차례 엄하게 형신하여 징계한 후 방면하도록 본부 유수에게 분부하라."

정조가 판부를 내렸다. 정조의 판부는 놀라울 정도로 논리적이고 지혜롭다. 정조의 판부에서 살필 수 있듯이 복덕은 80세가 가까운 할머니인데 온갖 고문을 당한 뒤에야 석방되었다.

한편, 조선시대 살인사건 중 가장 황당한 것이 손가락이 물려 죽었다는 살인사건이다.

1788년 충청도 연산 땅이었다. 연산읍에 석초득(石礎得)이라는 남자와 최옥함(崔玉函)이라는 여자가 살고 있었다. 그들은 인근 마을 사람 몇 명과 계를 들었는데 석초득이 계임(契任, 계주)이 되면서 돈을 더 내라고 요구하여 싸움이 일어났다. 최옥함은 소리를 지르면서 거칠게 항의하고 석초득은 손가락질을 하면서 언성을 높였다.

"아니, 누구에게 삿대질을 하는 거야? 눈에 뵈는 게 없어?"

"그래. 뵈는 게 없다. 이 여편네가 누구에게 눈을 부릅뜨는 거야?"

감정이 격해진 석초득은 최옥함의 이마를 손가락으로 쿡쿡 찔렀다. 그러자 최옥함이 석초득의 손을 움켜잡고 재빨리 이로 콱 물었다.

"아악!"

석초득이 처절한 비명을 질러대자 사람들이 깜짝 놀라 우르르 달려들어 떼어놓았다. 석초득의 손에서 피가 낭자하게 흘러내렸다. 석초득과 최옥함은 욕설을 주고받으면서 헤어졌다. 그런데 석초득이 20일 만에 죽자 석초득의 아들 석치규(石致圭)가 최옥함을 고발했다.

연산 현감은 현장에 출동하여 검험을 했다. 석초득은 다른 외상은 없고 왼손 둘째손가락에서 새끼손가락까지 썩고 뼈마디가 부러져 있었다. 시친과 증인들을 조사하자 최옥함이 20일 전에 물어뜯은 것으로 드러나 구속하고 공초를 받았다.

최옥함의 검안은 충청도 공주 감영으로 올라갔다.

"입으로 손가락을 물어뜯고 무릎으로 가슴을 짓눌렀는데 독기가 스며들어

공주 감영

사망하였습니다."

충청도 관찰사 김문순이 검안을 자세하게 살피고 형조로 계사를 올렸다.

"증언이 분명하니 엄중하게 조사하겠습니다."

형조에서 정조에게 아뢰었다.

'손가락을 깨물었는데 죽었다는 것이 가능한가?'

정조는 좀 더 세밀하게 조사하라는 명을 내렸다.

"상흔으로 보아 이로 물었다는 것은 중한 일이 아니고 율문으로 따져도 들어맞는 조항이 없습니다."

새로 충청도 관찰사에 부임한 권엄이 조사하여 아뢰었다.

"손가락의 독기가 어찌 위로는 어깨로 올라가고 아래로는 배에까지 침입할리가 있겠습니까?"

"전신에 두루 미치지도 않았고, 스며들지도 않았는데, 흘러나온 고름은 어디를 통해서 독이 배로 들어간 것이겠습니까?"

설명이 매우 분명한 논계가 이어졌다.

"시장의 상처와 시친의 공초가 법조문에도 합치되지 않고, 옥사의 정황과도 근사하지 않은데, 이 중에 하나만 있어도 오히려 살려줄 수 있거늘 하물며 두 가지를 겸한 경우이겠는가. 최옥함을 특별히 석방하도록 관찰사에게 분부하라."

정조가 명을 내렸다. 최옥함은 무죄로 석방되었다. 최옥함의 옥사는 그것으로 종결된 것 같았다. 그러나 최옥함이 석방되고 불과 1년도 되지 않아 석초득의 아들 석치규가 최옥함을 살해하는 사건이 발생했다. 석치규는 최옥함을 살해한 뒤에 연산 현아에 와서 자수하고 울면서 아뢰었다.

"저의 아비는 최옥함에게 물려 이로 인하여 죽었습니다. 아비가 임종할 때 울면서 저에게 당부하기를 '옥함이 내 손을 물어 사경에 이르렀으니 너는 내가 죽으면 관아에 고하여 원한을 갚아 달라' 하고 당부했습니다. 그래서 아비가 죽자 최옥함을 고발하여 옥사가 이루어졌습니다. 그러나 옥함이 그냥 풀려났습니다. 이에 어머니에게 울면서 작별을 고하고 칼을 갈아 대문을 나섰습니다. 그때 숙부 석초진이 만류했으나 소매를 떨치고 나왔습니다. 옥함이를 이모인 박 여인 집에서 만나 이렇게 말했습니다. '네가 나의 아비를 물어 죽였으니 법으로서 원한을 풀려고 했으나 너는 국은을 입고 그냥 풀려나왔다. 너로서는 다행스러운 일이지만 나로서는 아비의 원한을 풀지 못했으니 그 통분함을 말로 다할 수 있겠는가. 네가 이빨로 나의 아비를 물었으니 나는 네 이빨 몇 개를 뽑아야 이 지극한 원한을 조금이라도 풀 수 있겠다' 이렇게 말하는 중에 저의 숙부 석초진이 왔습니다. 저는 석초진에게 옥함이를 새끼줄로 묶어 끌어 달라 한 뒤에 가슴을 찔렀습니다. 옥함이는 소리소리 지르면서 건넌방으로 달아났으며 저는 그를 따라가 마구 찔렀습니다. 저는 원수를 찔러 죽였으니 이제부터 돌아가 망부를 뵐 낯이 있습니다. 그러나 특교로 석방한 죄수를 관가에 고하지 않고 죽였으니 법대로 처리해주십시오."

연산 현감은 즉시 사건 현장으로 달려갔다. 그는 율관과 약방과 함께 최옥함을 검험했다.

최옥함의 상처는 결분골(缺盆骨), 심감(心坎), 늑골, 옆구리에 칼에 찔린 상처가 크게 나고 내장이 드러나 있었다. 그는 재검과 삼검을 마친 뒤에 충청도 감영으로 검안을 올렸다. 충청도 관찰사는 몇 번이나 검안을 살피면서 한숨을 내쉬었다.

"부모를 위해 원수 갚을 생각을 잠시도 잊지 않고 능히 원수를 칼로 찔렀으니, 원수 갚은 행위는 용서할 만하고 멋대로 살인한 것으로 의율(擬律)하기는 어렵습니다."

'최옥함을 살려주었더니 이런 일이 벌어지는구나.'

충청도에서 올라온 계사를 보고 정조는 한숨을 내쉬었다.

"이미 죄를 씻어줄 생각이 있었고 아울러 의심할 만한 단서가 있기에 특별히 석방으로 결정했는데, 이에 석치규의 복수 사건이 발생하였다. 그러나 관에 나와 신고한 행위나 공초를 들인 말은 통쾌하고 정당하지 않은 내용이 없다. 율문에 없는 율문도 오히려 참작하여 헤아릴 수 있거늘 하물며 법조문에 명백한 근거가 있음에랴. 석치규 등은 즉시 풀어주도록 하라."

정조가 판부를 내렸다.

최옥함과 석치규의 옥사는 두 개의 사건으로 나뉘어져 있으나 하나로 연결되어 있다. 먼저 최옥함의 옥사는 손가락을 물려 사망했다는 연산 현감이나 충청도 관찰사의 보고가 잘못되었기 때문에 정조가 무죄로 판결을 내렸다. 검험을 했을 때 특별한 외상이 보이지 않아 그와 같은 검안을 작성했을 수도 있고, 검험이 미숙했을 수도 있으며, 석초득의 사망 원인이 다른 곳에 있을 수도 있다. 그러나 당시에는 부검을 할 수 없어서 사망 원인이 무엇인지 확실하게 밝히지 못했다.

살인을 제대로 입증하지 못했으니 무죄로 석방되는 것은 당연하다. 하지만 석치규에게는 최옥함이 살인자였다. 법이 처벌을 하지 않자 스스로 최옥함을 살해하고 자수했다. 정조는 석치규에게도 무죄를 선언했다.

이 사건에는 어딘가 이상한 부분이 있다. 최옥함은 죄가 없다고 하여 무죄로 석방했으니 석치규는 죄 없는 사람을 살해한 것이다. 정조의 판결은 명백한 오판이다. 정조는 왜 석치규를 석방한 것일까? 석치규는 최옥함을 살해하기 전에 관에 먼저 신고를 했고 살해한 뒤에도 자수했는데 자신이 살인한 이유를 논리정연하게 밝혔다. 정조는 석치규의 논리와 의연한 태도에 감동하여 무죄로 석방한 것이다.

제6부 희이(戲異)

희한하고 이상한 살인사건

희이

세상에는 불가사의한 일이 존재한다. 조선시대에도 당시 사람들이 예측하기 어려운 일이 존재했다. 경상도 산음 땅에서 종단이라는 일곱 살짜리 아이가 아기를 낳았는가 하면, 남편의 억울한 누명을 벗겨주기 위해 14년 동안 남장을 하고 전국을 돌아다녀 진범을 검거하게 만든 봉생이라는 여자도 있었다. 조선시대 당시의 시대 상황으로는 도무지 이해할 수 없는 살인사건을 다산 정약용은 '희이한 사건'이라며 따로 모았다.

15장

정염이
너무 뜨거워

음화가 일어나 불에 타 죽은 남녀

조선시대 남녀의 혼인은 중매쟁이를 거치고 부모가 결정했기 때문에 대부분의 남녀가 얼굴도 보지 못하고 혼인하여 평생을 함께 살았다. 남녀의 사랑은 애초부터 존재하지 않았고 혼인을 한 뒤에야 정을 붙이고 해로했다. 그러나 인간이 사는 세상이었기 때문에 배우자가 아닌 다른 사람을 사랑하게 되는 일이 종종 벌어졌다.

조선에서는 이를 엄격하게 금지했는데 간음한 자를 현장에서 죽여도 살인죄로 처벌받지 않았다. 그러나 남자와 여자의 차별이 있었기 때문에 남자는 간음한 부인을 죽일 수 있어도 여자는 간음한 남편을 죽일 수도 없고 고발할수도 없었다. 엄격한 금지 속에서도 남녀 사이의 사랑은 불타올랐고 때때로 죽음으로 이끌었다.

갑술년 12월 15일이었다. 전라도 나주에서 여관을 경영하는 나은갑은 해가질 무렵 평소 알고 지내던 김점룡의 방문을 받았다. 그는 얼굴도 모르는 여인과 함께였는데, 한손에는 석 단의 장작까지 들고 있었다.

"빈 방이 있는 것을 알고 있는데 하룻밤 자고 가게 해주시오."

김점룡이 나은갑에게 말했다. 여자는 얼굴을 보이지 않으려고 얌전하게 등을 돌리고 있었다.

"빈방이 있지만 불을 때지 않았소."

"그래서 장작을 가져왔소. 사례는 하리다."

나은갑은 굳이 거절할 이유가 없어서 그렇게 말했다. 여자가 먼저 빈방으로 들어가고 김점룡은 가지고 온 장작으로 아궁이에 불을 지폈다. 나은갑이 저녁은 어떻게 했느냐고 묻자 먹고 왔다고 했다. 겨울이라 해가 짧아 날은 금세 어두워졌다. 아궁이에 불을 지핀 김점룡이 방으로 들어갔다. 나은갑이 방에 들어갔다가 나오자 도란도란 떠드는 소리가 들렸다.

'부인은 아닌데 누구지?'

나은갑은 고개를 갸우뚱하고 다시 방으로 들어갔다. 아내는 바느질 그릇을 치우고 잘 준비를 하고 있었다.

"김 씨가 여자를 데리고 왔나 봐요?"

아내가 은밀한 목소리로 물었다. 김점룡의 집이 멀지 않았기 때문에 아내도 그가 누군지 잘 알고 있었다.

"어디서 본 여자인데 생각이 나질 않네."

《단원 풍속도첩》〈신행길〉
혼례를 위해 신부 집으로 향하는 신랑 행렬을 그린 것이다. 백마를 탄 신랑 앞으로 청사초롱과 기럭아비
가 앞서서 가고 있다. 화면 밖으로 잘려 있어서 보이지는 않지만, 기럭아비 뒤로 신랑측 어른이 탄 말이
있을 것이다. 신랑 뒤에서 장옷을 입고 따라오는 인물은 매파로 보인다. 행렬 사이에 언덕을 설정해 놓
아서 긴 행렬을 효과적으로 배치하였다.

나은갑은 고개를 갸우뚱했다.

"반남 길가에 사는 허 씨 아니에요?"

"당신, 여자를 봤어?"

"문틈으로 살짝 내다봤지요. 얌전하게 생긴 여자가 부뚜막에 먼저 올라가네. 둘이 간음하는 거죠?"

"모르는 척해. 남의 일에 신경 쓸 일이 뭐 있어?"

나은갑은 날씨가 추워 이불 속으로 기어들어갔다. 간음을 하는 남녀가 만났으니 오늘밤 뜨겁게 뒤엉킬 것이라고 생각했다. 그때 나은갑의 아내가 옆으로 기어들어왔다. 밖에서는 찬바람이 허공을 달리는 소리가 음산하게 들렸다. 나은갑은 좀처럼 잠이 오지 않았다.

"김 씨는 왜 우리 집으로 온 걸까?"

아내가 어둠 속에서 혼잣말로 중얼거렸다.

"둘이 언제부터 정인이 되었을까?"

아내가 꿈꾸듯이 말했다.

"뭔 소리야?"

"저렇게 정인을 만나 사랑을 나누니 좋잖아요? 평생 동안 사랑 한 번 못하고 죽는 여자와 남자가 얼마나 많겠어요?"

"이 여편네가 미쳤나? 그래서 부럽다는 거야?"

"누가 부럽대나? 말이 그렇다는 거지."

아내가 등을 돌리고 모로 누웠다. 나은갑은 아내의 넓은 등을 쏘아보다가 자신도 등을 돌리고 모로 누웠다.

문득 반남 길가의 허 씨를 어렴풋이 떠올리며 상상의 나래를 펼쳤다. 여자는 길가에서 남자가 올 때를 기다리고 있다. 머리에는 쓰개치마를 둘러쓰고 행여 누가 볼까 봐 아름드리 홰나무 뒤에 기대 서 있다. 밤은 점점 깊어가고 달은 높이 떠올라 휘영청 밝은 빛이 온 누리를 하얗게 비추고 있다.

이내 남자가 저 멀리서 나타난다. 도포자락을 펄럭이면서 오는 남자를 보자 여자의 가슴이 쿵쾅거리고 뛴다. 홰나무 뒤에 몸을 숨기고 남자를 놀래어주려다가 자신도 모르게 달려 나간다. 남자가 여자를 와락 껴안고 입을 맞춘다.

'아, 나도 열렬한 사랑을 하고 싶다.'

나은갑은 자신도 모르게 가슴이 뜨거워지는 것을 느꼈다.

"가만……."

나은갑이 이불 속에서 나와 벽으로 가서 귀를 기울였다.

"뭐하는 거예요?"

"조용히 해. 지금쯤 둘이 달라붙었을 거 아니야? 둘이서 한창 뜨거울 거야."

"아이고, 남 상관하지 말고 나나 뜨겁게 만들어 봐요."

아내가 이죽거렸으나 나은갑은 들은 체도 하지 않았다.

밤이 점점 깊어갔다.

방바닥이 따뜻해지기 시작하고 찬바람만 횡횡 돌던 방 안에 온기가 돌았다. 여자는 남자의 팔을 당겨 머리를 얹었다. 남자가 얼굴을 가까이 가져와서 미소를 지었다.

"얼마 만에 우리가 이렇게 같이 눕는지 모르겠군."

남자가 혼잣말처럼 중얼거리면서 여자의 머리를 쓰다듬었다. 여자에게서 살 냄새가 은은하게 풍겼다.

278

"이렇게 나란히 누우니 죽어도 좋을 것 같아요."

여자가 달콤하게 속삭였다.

"죽기는 왜 죽어? 오래 살아야지."

"내가 늙어도 만나줄 거예요?"

"당신은?"

"저는 당신이 늙어도 영원히 정인이라고 생각할 거예요. 아이, 당신과 내가 늙지 않았으면 좋겠어요."

여자는 남자의 품속으로 바짝 파고들었다. 이상하게 정이 가는 남자였다. 남들보다 특별히 부자로 사는 것도 아니었고 잘생긴 것도 아니었다. 그러나 한 번 정을 통하고 나자 몸과 마음이 모두 그의 것이 되고 말았다.

그녀의 남편은 평범했다. 농사짓고 어른들 잘 모시는 효자였다. 이웃의 중매로 신랑의 얼굴도 보지 못하고 혼례를 올렸으나 정을 붙이고 살았다. 술주정도 하지 않고 노름도 하지 않아 이만한 남편도 없지 싶었다. 그런데 언제부터인가 가슴이 허전했다. 매일 같이 반복되는 일상이 그녀에게 권태를 몰고 왔다.

그때 남자를 만났다. 여자는 남자와의 만남을 운명이라 여겼다. 읍내에 갔다가 돌아오는 길이었다. 갑자기 눅눅한 바람이 불더니 소나기가 하얗게 쏟아졌다. 여자는 빗줄기를 피해 당집으로 들어갔다. 누가 지었는지 알 수 없었으나 오랫동안 비어 있어서 벽이 허물어지고 지붕이 주저앉아 있었다. 아이들은 공연히 무섭다고 가까이 가지도 않았다. 여자도 당집을 지날 때 꺼림칙하여 들여다보지도 않았었다. 그러나 비가 오고 있어서 어쩔 수 없이 들어갔다. 당집이라고는 하지만 안은 텅 비어 있었다.

"다행이네."

잠깐 사이에 온몸이 흠뻑 젖은 여자는 저고리를 벗어서 빗물을 짰다. 비가 오니 아무도 오지 않으려니 생각했던 것이다. 그때 남자가 후다닥 뛰어 들어왔다.

'아…….'

여자는 너무나 놀라서 입을 벌렸다.

"미, 미안하오."

남자가 당황한 기색으로 재빨리 몸을 돌렸다. 여자는 저고리를 다시 걸쳤다. 빗줄기는 더욱 굵어져 있었다. 둘 사이에 흐르는 정적을 세찬 빗소리가 채웠다.

"부인."

숨 막힐 듯한 침묵을 깨고 남자가 굵은 목소리로 여자를 불렀다.

"예?"

여자가 고개를 들었다.

"부인은 참 못 견디게 아름다운 것 같소."

남자가 여자를 와락 끌어안았다. 여자는 저항해야 한다는 생각도 잠시, 스르르 눈을 감았다. 남자의 입술이 그녀의 입술에 얹혀졌다. 그러나 그것으로 끝이었다. 남자는 빗속으로 뛰어나갔고 여자는 두 다리에 맥이 풀려 그 자리에 주저앉았다.

여자는 그날 이후 남자를 잊을 수가 없었다. 그의 포옹이 그리웠고 그의 입술이 그리웠다. 남자를 다시 만난 것은 한 달이 지났을 때였다.

여자는 비가 오자 마을 어귀에 있는 당집으로 달려갔다. 그리고 거짓말처럼 남자가 여자를 기다리고 있었다.

"사랑해요."

여자가 팔을 벌리면서 속삭였다.

"나도 사랑하오."

남자가 여자를 안아 눕히면서 대답했다.

날이 밝았다. 나은갑은 건넛방에서 잠을 자는 김점룡이 궁금했다. 그들은 창으로 해가 떠오르는데도 일어나는 기척이 없었다. 나은갑은 이불 속에서 뭉그적거리다가 자리를 털고 일어섰다. 이제는 부지런한 사람들이 조반을 먹고 일을 할 시간이었다.

'아직도 자고 있는 것인가?'

김점룡에게 빌려준 방은 기이할 정도로 인기척이 없었다.

'언제 일어날 거야? 해가 중천에 떴는데…….'

나은갑은 눈살을 찌푸리고 방 앞으로 가까이 갔다. 그러나 방에서는 아무 기척이 없었다.

"주무시오? 날이 훤히 밝았소."

나은갑은 조심스럽게 방을 향해 말했다. 그러나 방 안에서는 아무런 대답이 없었다. 방문 창호지는 젖어 있었고 문틈으로 연기가 새어나오고 있었다.

'무슨 일이지?'

나은갑은 불안한 예감을 느끼면서 문을 흔들었다. 방문은 안에서 잠겨 있었다. 나은갑은 새어나오는 연기가 심상치 않아서 방문을 부수어 열었다. 방 안에는 연기가 자욱하였고 두 사람은 화염 가운데에 꼭 껴안고 누워 있었는데 온몸이 불에 타서 숯덩이 같았다. 나은갑은 놀라서 집주인인 고은옥을 불러 함께 불을 껐다. 죽은 남녀의 몸은 불에 타서 성한 데가 없었다.

나은갑은 김점룡의 아내를 불렀다. 불은 방 안의 물건으로 인하여 천장에까지 옮겨 붙었고 김점룡의 오른 발은 화로에 닿아 있었다. 그는 즉시 나주 현아에 신고했다.

현감은 방안에 있는 두 구의 시체를 자세히 살폈다. 김점룡의 두 눈에는 선혈과 흰 즙이 흘러나와 뒤섞여 있고, 이는 꽉 다물렸으며, 왼쪽 혈분골이 타서 까맣고, 왼쪽 견갑과 왼쪽 액지가 데어 부풀어 올랐고, 양 흡박(어깨 아래)과 양 곡추(팔마디 안쪽)는 타서 까맣고, 양손은 데어 부풀었으며, 오른손은 주먹을 쥐었고, 왼손은 약간 오므리고 있었다. 양 늑혈과 제두 및 양 사타구니는 타서 부풀었고, 살갗이 말아진 경물은 곧게 섰으나 까맣게 탔고, 신낭은 까맣게 탔으나 수축되었고, 양 다리와 양 무릎, 양 팔, 양 정강이는 타서 까맣다.

여자도 남자와 크게 다르지 않았다. 오른쪽 액지가 데어 부풀어 올랐고 양 휴적과 온 흉당이 타서 까맣고 음호도 까맣게 탔다. 두 다리, 얼굴, 열 개의 발톱은 온전했다.

나주 현감은 초검 발사를 쓰면서 괴이한 사건으로 몰고 갔다.

"남녀가 과다하게 방사하다가 죽는 경우는 더러 있으나 모두 남자가 죽는 것이고 여자가 함께 죽는 것은 전례가 없는 일이다. 남자는 팔을 베고 여자는 다리를 걸쳤으며 정상적으로 껴안고 죽은 뒤에도 풀지 않았으니 의문스러운 일이다. 방구들이 이상이 없음에도 불은 연소하여 옷이 탔으나 버선은 오히려 온전하니 의아한 일이다. 몸은 아래로부터 타기 시작하여 위로 타는 것인데도 허리와 배가 특히 심한 게 후면은 비교적 가벼우니 이상한 일이다. 흉당 아래쪽은 거의 다 탔으나 검게 그을린 경물은 오히려 곧게 서 있으니 이상한 일이다. 그들이 누웠던 곳을 깨끗하게 쓸고 초를 뿌려보았으나 혈흔이 발견되지 않았으니 이상한 일이다. 불에 타 죽고 병으로 죽고를 막론하고 두 사람이 죽어 있는 자세가 꿈꾸며 자는 듯 평화로우니 이상한 일이다.

여인은 다른 동네에서 왔으나 본남편이 뒤를 밟지 않았고 남자는 술집에서 놀았으나 본처가 의심하지 않았다. 실인을 훈증에 정신을 잃고 불이 솜에 옮아 붙어 불에 타 치사한 것으로 현록한다."

나주 현감의 초검 발사는 커다란 파문을 일으켰다. 그가 제기한 일곱 개의 의문점이 마치 남녀의 사랑이 너무 뜨거워 불이 일어난 듯 묘사하였고 남자의 음경이 꼿꼿하게 일어서 있었다는 사실이 호사가들의 이야깃거리가 되었다.

당시에는 화재로 인해 죽은 사람들을 쉽게 볼 수 없었을 것이다. 그러나 현대의 법의학자들은 불에 타 죽은 시체 중 상당수가 불에 타면서 피부의 수축 활동으로 음경이 서 있다는 것을 안다.

나주 현감의 초검 발사는 많은 사람이 구해 읽었다. 여기에는 살인사건도 없고 음모도 없었다. 배우자가 있는 두 남녀가 은밀하게 만나서 사랑을 불태우다가 죽은 것이다.

나은갑과 베일에 싸여 있는 여자가 죽은 사건을 정약용은 《흠흠신서(欽欽新書)》에 '나은갑과 음부의 소사사건'이라고 기록했다. 나은갑은 누구와 원한을 산 일도 없고 나은갑과 불륜의 사랑을 나눈 여자도 남편이 이를 알지 못해 원한이나 치정에 의한 살인사건도 아니었다. 게다가 문이 안에서 잠겨 있었기 때문에 완벽한 밀실살인이었다. 나주 현감이 치밀한 수사를 했으나 범인은 나타나지 않았고 살인이라는 뚜렷한 증거도 없었다.

나은갑과 여자는 결국 자연사로 죽은 것으로 결론이 내려졌다.

나은갑 소사사건은 조선시대의 은밀한 사랑을 엿볼 수 있다. 찬바람이 부는 어느 겨울, 두 남녀가 사랑을 나누기 위해 허름한 집을 찾아온다. 찰나의 정염을 불태우기 위해서 허름한 집을 찾아온 남녀, 그들은 사랑을 나누고 어두운 죽음의 세상으로 떠났다. 오랫동안 비어 있는 방에서 잠을 자다가 불행을 맞이한 것이다.

나주 현감은 이 사건에 일곱 개의 미스터리가 있다고 기록했고, 정약용은 한걸음 나아가 불이 일어난 원인을 '두 남녀의 사랑이 너무 뜨거워 음화가 일어나 죽은 것'이라고 《흠흠신서》에 기록하면서 더욱 화제가 되었다. 특히 중국 고사까지 끌어대며 정염이 뜨거워 불에 타 죽은 것이라고 결론을 내려 화제가 되었다. 사랑이 얼마나 뜨거웠으면 불이 일어나서 타 죽는단 말인가. 조선시대 사람들은 내심 두 남녀의 그 뜨거운 사랑을 열망했던 것인지도 모른다.

16장
살인강도 김대득의
추적조사서

사건
16

곡산 부사 정약용

조선에서 살인사건이 일어나면 수령들이 직접 현장에 출동하여 검험을 한다. 《무원록(無冤錄)》을 바탕으로 검험은 비교적 철저하게 하는 편이었지만 수사는 어떻게 했는지 기록을 거의 찾아볼 수 없다. 지방 고을에는 형방과 율관이 있었지만 수사의 주체가 누구였는지도 알 수 없다.

율관은 재판을 할 때 법조문을 조율하지만 업무에는 수사나 범인 검거도 포함되어 있다. 율관의 활동도 기록을 찾아보기 어렵다. 그렇다면 현이나 군 같은 작은 고을에서는 수사를 전문으로 하는 관리가 없는 셈이다.

정약용은 1797년 곡산 도호부 부사에 임명되었다. 도호부의 관리는 정원이 45인으로 전문적인 수사요원이 없었다. 조선조 초기에 인구가 약 3천 명, 말기에는 2만 3천 명 정도여서 부사로 임명되었을 때에는 작은 고을이었다.

정약용이 곡산 부사로 부임한 지 두 달이 채 안 되었을 때였다. 곡산 동촌리 이화동에 사는 향임 홍치범(洪致範)이 찾아왔다.

"사또, 동촌리의 홍치범이 인사올립니다."

홍치범이 문 앞에 서서 인사를 했다. 동촌리 이화동은 곡산읍에서 1백리나 떨어져 있는 먼 마을이었다.

"어서 오시오. 동촌리는 아직 가보지 못했는데 농사는 어떻소?"

"무난합니다."

"그래 동촌리에 무슨 일이 있소?"

정약용은 조용히 홍치범을 건너다보았다. 그는 순박해 보였고 말씨가 조용했다.

"실은 살인강도가 있는 것 같습니다."

"살인강도요?"

"월천곡 주민 중에 김오선(金五先)이라는 사람이 있습니다. 절충장군을 지낸 분이지요. 이 양반이 지난 7월 26일 함경도 영풍에서 소 한 마리를 사오다가 살인강도를 만났다는 소문이 파다하게 나돌고 있습니다. 그래서 김오선의 집에 가서 물어보았습니다."

"그래, 무엇이라고 하오?"

"김오선은 완보(完甫)와 완춘(完春)이라는 아들이 있는데 그들이 말하기를 우리 아버지는 원래 가슴과 배에 병이 있었으며, 길에서 이 병을 앓게 되어 구할 수 없게 된 것이지 살인강도를 만난 것이 아니라고 했습니다. 마을 사람들에게 물어도 한결같이 그렇게 말했습니다. 김오선의 시신은 이미 매장을 했으나 살인강도에게 죽임을 당한 것이라는 말은 좀처럼 가라앉지 않았습니다. 그래서 보고를 드리러 왔습니다."

"잘 왔소."

"송구합니다."

"살인강도를 목격한 사람이 있소?"

"이호천의 두 아들이라고 합니다."

정약용은 홍치범의 말이 틀림없을 것이라고 생각했다. 그와 한담을 나누고 길이 머니 오늘은 객사에서 자고 가라고 말했다.

"사또, 고맙습니다."

홍치범이 인사를 하고 물러갔다.

'살인강도를 반드시 잡아야 한다.'

정약용은 홍치범이 물러가자 하늘을 우두커니 쳐다보았다. 이화동 월곡천 이라는 마을에서 살인강도사건이 발생했으나 절충장군 김오선 일가는 그 사실을 숨기고 있었다.

곡산 읍에서 이화동까지는 1백여 리가 되었기 때문에 미리 준비를 해야 했다. 정약용은 이틀이 지나서야 월천곡을 향해 출발했다. 사건이 발생하면 수령이 반드시 검지(檢地, 사건 현장)를 방문하여 조사해야 했다. 이는 《무원록》에도 기록되어 있기 때문에 아무리 멀어도 방문 조사를 해야 했다.

이화동은 남쪽으로는 이천의 고미단과 접하고 동쪽과 북쪽으로는 안변과 통했다. 산세가 험하고 인가가 많지 않기 때문에 옛날부터 화적들이 들끓었다.

정약용은 김오선이 살인강도를 만났다는 문암동구(門巖洞口)에 이르러 조사를 시작했다. 그는 마을 사람들을 일일이 탐문했다. 그러나 살인강도를 목격했다는 사람은 나타나지 않았다.

'살인강도가 무서운가?'

정약용은 사건 발생일인 7월 26일을 중심으로 사람들의 행적을 조사하기 시작했다.

"7월 26일 무엇을 했나? 사실대로 고하지 않으면 엄벌에 처할 것이다."

정약용은 순박한 주민들을 위협했다.

"소, 소인은 나무를 하러 산에 갔습니다."

"절충 김오선이 쓰러진 것을 보았나?"

"보지 못했습니다."

조민국이라는 중년 사내가 벌벌 떨면서 대답했다.

"자네는 7월 26일에 무엇을 했나?"

"소인은 집에 구들을 수리했습니다."

김치돌이라는 사내는 집수리를 했다고 말했다.

"너희들은 7월 26일에 무엇을 했나?"

정약용은 이봉위(李奉位)와 이창인(李昌仁)을 신문했다.

"소인들은 곡산 장에 다녀왔습니다."

"그렇다면 문암동구를 지났을 것이 아닌가?"

"지나기는 했습니다만 아무것도 보지 못했습니다."

이봉위와 이창인은 사실을 말하려고 하지 않아 일단 곡산으로 연행했다.

'어떻게 해야 저 아이들이 사실을 말할까?'

정약용은 깊은 생각에 잠겼다. 이봉위와 이창인은 형제로 각각 열여섯 살과 열다섯 살이었다. 정약용은 그들을 밀실에 가둔 뒤에 중군 강진주(姜鎭周)를 불렀다.

"저 아이들을 반드시 실토하게 해야 하네."

정약용은 강진주에게 이봉위와 이창인을 설득하게 했다.

"너희들이 사실대로 말하지 않으면 부사께서 형장을 때릴 것이다. 형장을 맞다가 죽은 사람이 하나 둘이 아니다. 너희들 모두 곤장을 맞다가 죽으려고 하느냐?"

강진주의 위협에 이봉위와 이창인은 벌벌 떨었다.

"너희들은 죄가 없다. 사실대로 공술하면 금방 풀어줄 것이다."

정약용은 그들 형제에게 비단 끈까지 사주면서 회유하여 마침내 목격자 진술을 얻어냈다.

이봉위와 이창인이 소를 몰고 한가하게 집으로 돌아오고 있을 때였다. 날씨는 후덥지근했고 들과 산은 초목이 무성했다. 어느새 여름이 끝나고 가을이 오고 있었다. 벼들은 낟알이 영글기 시작하고 밭에는 콩이며 수수가 웃자라 있었다.

"창인아, 집에 가서 밤 따러 갈까?"

이봉위가 이창인에게 물었다.

"밤이 벌써 여물었나?"

이창인이 소 등에 앉아서 대답했다.

"보름만 더 있으면 추석인데 안 여물었겠냐? 천돌네 밤나무는 벌써 밤송이가 벌어져서 알밤이 떨어지더라. 석개가 밤을 주워 치마에 싸가지고 가는 것을 아침에 봤어."

석개는 천돌의 여동생으로 모두 김오선의 외거노비였다.

"석개는 치마 안에 속바지도 안 입었더라."

"봤어?"

"봤지."

이봉위가 웃으면서 소고삐를 잡아당겼다. 소 한 마리가 콩밭 쪽으로 어슬 렁거리며 가고 있었고 이봉위가 끄는 소도 콩밭 쪽으로 가고 있었다. 그리고 길가 숲에서 무어라고 떠드는 소리가 들렸다.

"저 소를 빨리 잡아. 소가 싸우려고 한다."

소 등에 타고 있던 이창인이 뛰어내리면서 소리를 질렀다. 이봉위는 소를 잡기 위해 뛰어가려고 했다. 그때 숲에서 사람의 다급한 비명이 들렸다. 이봉 위가 힐끗 돌아보자 검은 물체가 사람을 타고 앉아서 마구 칼로 내리치다가 벌떡 일어났다. 흉수의 손에 들려 있는 칼에서 피가 뚝뚝 떨어지고 있었다.

"소리 지르지 마라. 소리 지르면 너희들을 찔러 죽일 것이다."

살인강도가 흉측한 눈을 번들거리면서 가까이 왔다. 이봉위와 이창인은 소 름이 오싹 끼치는 것을 느꼈다. 살인강도는 칼을 들고 이봉위와 이창인에게 빠르게 달려오다가 길에 움푹 패인 곳에 발을 헛디뎌 넘어지고 말았다. 이봉 위와 이창인은 그 틈에 소에게 채찍을 가하여 달아났다.

이봉위와 이창인이 공술한 내용이었다.

"그자가 누구인지 알겠느냐?"

정약용이 이봉위와 이창인에게 물었다.

"예. 그자는 지난 달 12일 법곳장에서 만난 김가입니다. 이름은 모릅니다."

"용모를 기억하겠느냐?"

"얼굴은 희고 광대뼈가 튀어나왔습니다. 두 볼은 홀쭉하게 들어가고 코는 높고 턱은 뾰족하였습니다."

"눈두덩은 푹 꺼졌고 눈썹은 시커멓고 상투는 크고 수염은 적었고 머리카락은 사방으로 드리웠습니다."

이봉위와 이창인이 번갈아 말했다.

"나이는 몇으로 보이더냐?"

"스무 살에서 서른 살 안쪽으로 보였습니다."

"옷은 어떻게 입었느냐?"

"무명 소창옷은 양쪽을 뒤로 매었고 칼은 대략 두 자쯤 되었습니다."

"소는 어떻게 생겼느냐?"

"누런 소였고, 머리와 이마의 털은 양과 같았고, 양 갈빗대에 종창이 있어서 고름이 흘러나왔습니다."

"그자를 어떻게 만났는지 상세히 말해 보아라."

이봉위와 이창인이 잠시 생각에 잠겼다.

"지난 해 12월, 저희는 안변의 영풍 땅 법곳장에서 미역을 사서 소에 실으려 할 때 점사(占舍)의 고공 같은 사람이 목재를 가득 싣고 우리 앞을 지나 점사 문 앞에 풀어 놓더니, 우리 앞에 와서 미역을 들어 그 무게를 헤아려보고는 우리에게 '짐은 무겁고 소는 작은데 어떻게 실어가려고 하느냐'라고 했습니다. 이때 저 멀리에서 마을 사람 서넛이 소를 몰고 지나가면서 '김 서방! 김 서방!' 하고 그자를 부르며, '같이 갈 생각이 없느냐'라고 하니 그자는 '나는 발고목이 부러져 소에 실을 수 없으니 자네들은 좀 쉬었다가 나와 같이 가세'라고 했습니다. 그래서 김 가라는 것을 알았습니다. 저는 그에게 미역을 소에 실어 달라고 간청했습니다. 그는 발고목을 지금 당장 고쳐야 저 사람들과 같이 간다고 거절했습니다. 재삼 간청을 하자 그가 마지못해 미역을 실어주었습니다. 그리하여 그의 용모를 알게 된 것입니다."

이봉위와 이창인의 진술을 들은 정약용은 머릿속에 살인강도의 얼굴이 희미하게 떠오르는 듯했다. 소를 빼앗기 위해 문암동구의 풀숲에서 김오선을 칼로 찌르는 강도의 모습도 떠올라 몸이 떨렸다.

'살인자를 어떻게 잡지?'

정약용은 고민에 빠졌다. 부사인 그가 살인자를 직접 잡으러 다닐 수는 없었다.

'기포장교(譏捕將校, 조선시대 수사관)를 시킬 수밖에 없겠어.'

정약용은 중군 강진주에게 기포장교를 부르라 했다. 강진주가 기포장교 김광윤(金光允)과 심창민(沈昌民)을 불러왔다. 두 사람 모두 30대로 건장하고 무예가 출중한 사람들이었다.

"이 살인강도를 잡을 수 있겠나?"

정약용은 김광윤과 심창민에게 사건을 설명하고 물었다.

"사는 곳을 모르니 시일이 좀 걸릴 것 같습니다."

김광윤이 어두운 표정으로 대답했다.

추석을 지난 법곳장은 한산한 편이었다. 그래도 시골사람들이 햇과일이며 곡식 따위를 가지고 나와 팔고, 옷감이며 여자들 노리개, 옹기와 약초, 미역과 같은 건어물을 파는 장사치들로 장이 서 있었다.

"행인을 잘 살펴라. 행여 그놈이 나왔는지……."

김광윤은 먹을거리가 가득한 난전을 살피면서 이봉위와 이창인 형제에게 말했다. 김광윤과 심창민은 변복까지 한 채로 수사를 하고 있었다.

"놈이 나타날까요?"

이봉위가 행인들을 살피면서 대답했다.

"목재를 파는 점사에 가보면 어때?"

심창민이 눈앞에서 날고 있는 하루살이를 손으로 쫓았다.

"점사에?"

"목재를 누가 사갔는지 알 수 있을 거야. 소로 목재를 실어갔으니 집을 지으려고 한 것이 아닌가?"

"그럴 수도 있겠지."

김광윤은 이미 목재를 파는 점사를 향해 걸음을 놓고 있었다. 이봉위와 이창인이 우르르 뒤를 따랐다.

"사람 참……."

행동이 빠른 김광윤을 보고 심창민은 피식 웃으면서 뒤를 따랐다. 법곳장에 온 지 이미 사흘째였다. 난전 한쪽에 잠복하여 오가는 행인들과 난전을 살폈으나 살인자는 나타나지 않고 있었다.

《단원 풍속도첩》〈주막〉　　　　　　　　　　　　　　　국립중앙박물관 소장

밥과 술을 팔고 숙박도 겸한 주막은 오가는 사람이 많은 만큼 소식이 모이는 장소였다.

"김 가는 왜 찾소?"

점사의 주인은 40대의 땅딸막한 사내로 퉁명스럽게 말했다.

"그런 걸 알 필요 없고……. 알고 있소?"

김광윤이 점사 주인을 아래위로 훑어보았다.

"모르오."

"똑바로 잘 대답해야 할 거요. 잘못하면 오랏줄에 묶어 끌고 갈 수도 있으니까…… ."

"무, 무슨 말이오?"

점사 주인의 얼굴이 하얗게 변했다.

"작년 12월에 목재를 대량으로 사간 사람이 누구요?"

"본리(本里) 한 가요. 한 가가 집을 짓는다고 하였소."

심창민은 본리로 향했다. 본리는 법곳장에서 40리나 떨어져 있었다.

본리 한 가의 집은 깨끗하게 지어져 있었다.

"집을 지을 때 많은 일꾼을 썼기 때문에 김 가가 누구인지 모르겠소."

한 가는 김 가를 모른다고 잘라 말했다.

"목재를 실어온 사람들이 김 가라고 불렀다고 하니 그들은 알 것이오."

김광윤과 심창민은 목재를 실어온 사람들을 모두 불렀다. 그러나 그들 중에 김 가는 없었다.

추석이 지난 지 열흘밖에 안 됐는데 단풍이 화려하게 물들고 바람이 일 때마다 낙엽이 떨어졌다. 김광윤은 시린 눈빛으로 걸음을 재촉했다.

"김대득의 연고지가 있을 것이다. 연고지를 추적하면 살인자는 그곳에 숨어 있을 것이다."

곡산 부사 정약용이 내린 지시였다. 조정에서 형조참의까지 지내고 부사로 내려온 인물이라 녹녹치는 않을 것이라고는 생각했다. 그러나 살인사건을 수사하며 그가 내리는 지시는 기포장교인 김광윤이 '어?' 하고 놀랄 정도로 감각이 뛰어났다.

"가을걷이가 한창이군. 노인령은 아직 멀었나?"

심창민이 지친 듯이 투덜거리면서 말했다. 이봉위와 이창인도 지쳐서 터덜터덜 걷고 있었다.

"이제 얼마 안 남았어. 한나절도 걸리지 않을걸."

"부사 영감은 왜 이런 데까지 우리를 보낸 거야?"

연고지를 추적한 뒤에는 으레 부사 정약용에게 보고하고 지시를 받았다.

"그동안 다리품을 많이 팔았으나 모두 실패했지. 허나 이번에는 성과가 있을 것일세."

정약용은 그들에게 또다시 연고지 추적을 지시했다.

"부사 영감이 성과가 있을 것이라고 하지 않았나?"

"부사 영감이 귀신이라도 되나? 도망간 놈을 어디 가서 찾아?"

"지금까지 들러본 연고지에 성과가 없었으니 나머지 연고지에 있을 확률이 점점 커지는 것일세. 이제 연고지가 노인령 한 곳밖에 남지 않았으니 분명 그곳에 그놈이 있을 것이야."

"제발 그리되었으면 좋겠네."

노인령을 향해 걷는데 빗방울까지 떨어졌다. 스산한 가을비를 맞고 노인령에 이르렀을 때에는 점심때가 지났다.

그곳은 새동촌리라는 곳으로 법곳장에서 80리나 떨어져 있었고 초가 두 채가 있었다.

'부사 영감이 귀신 같구나.'

초가 앞에서 왔다갔다가 하는 김대득을 본 김광윤은 정약용의 혜안에 감탄했다. 김광윤은 김대득을 곧바로 결박하지 않고 이봉위와 이창인이 있는 곳으로 데리고 갔다. 그들은 금세 안색이 변하고 빨리 결박하라는 눈짓을 보냈다.

"이자가 사람이냐 귀신이냐가 판가름이 날 때 너희는 청춘이 된다. 애매한 사람으로 하여금 억울하게 죽게 하여서는 아니 된다."

김광윤이 두 아이에게 말했다. 두 아이는 얼굴을 붉히고 매가 꿩을 노려보듯 하다가 큰소리로 말했다.

"내가 결박하라면 옳은 것이다. 저자를 결박하여 억울하다면 나에게 천벌이 내릴 것이다. 저자가 전에 문암동구에서 나를 찌르려고 했다. 속히 결박하라."

김대득은 얼굴이 사색이 되었다.

"너희들이 나와 무슨 원수가 있는가. 너희들이 이러니 나는 지금 죽는다."

김대득은 눈을 부릅뜨고 소리를 질렀으나 오랏줄로 결박하자 더 이상 발악하지 않았다.

김대득은 체포되었고 곡산으로 압송되었다. 정약용은 기포장교 김광윤과 심창민에게 추적조사서를 쓰게 하고 후하게 상을 주었다. 김대득은 감영에서 사형선고를 받아 참수형이 집행되었다.

그러나 이 사건은 모호한 점도 있다. 강도에 의한 살인사건이지만 시친은 살인을 부정했고 검험도 이루어지지 않았다. 실제로 살인사건이 일어난 것인 지 병사로 죽은 것인지 알 수가 없는 것이다. 김오선의 자식들은 몽둥이로 맞 은 흔적이 있다고 초사에 진술했고 칼에 찔린 상처는 언급하지 않았다. 살인 사건의 발생이나 살인자 검거도 오로지 이봉위와 이창인의 진술에 의한 것뿐 이다.

정약용이 쓴 김대득 추적보고서는 기록이 상세하지 않음에도 불구하고 거 의 유일한 조선시대 수사보고서라는 사실에서 가치가 있다.